KB233996

철학으로 하는 자치, 감으로 하는 자치

성공하는 지방자치를 위한 55가지 정책 아이디어

철학으로 하는 자치, 감으로 하는 자치

성공하는 지방자치를 위한 55가지 정책 아이디어

김광남 지음

KSI 한국학술정보㈜

철학으로 하는 자치, 감으로 하는 자치

지방자치의 철학서!
정책 아이디어 뱅크!

지방자치단체장
지방의회의원
공무원
시민이 읽어야 할 필독서

우리 지방자치가 부활하여 본격 시행된 지도 20년이 돼 간다. 뭔가 잔뜩 기대하고 크게 달라진 변화를 바랐지만 아직도 지방자치는 진흙탕 속에서 좌충우돌하고 있다는 비판에서 자유롭지 못하다.

지방자치만을 탓하지도 못할 일이다. 지방자치라는 것이 중앙정치와 교묘하게 연결돼 있기 때문이다. 권한을, 돈을, 공천권을 중앙이 다 가지고 있으면서 지방자치를 하겠다디니 겨우 그거냐고, 그것 보라는 식으로 매도하고 있다.

지방에도 많은 인재가 있다. 사실, 실시간으로, 시공간적으로 전 세계가 연결되는 글로벌 네트워킹시대에 중앙인재, 지방인재를 따로 구별하는 것은 무의미할 수 있다. 그만큼 필요한 인재를 언제든지 활용할 수 있기 때문이다.

그럼에도 불구하고 지방에서는 지방자치단체장의 선호에 따라 인재의 성향과 폭이 결정된다. 이렇게 선택된 일부 사이비 전문가들이 지방자치단체장의 뜻에 맞장구나 치는 일을 반복하는 무례를 저지르고 있다. 이건 분명 시민에 대한 무례이다.

사이비들이 저지르는 이러한 무례에 대항하기 위해서는 시민과 공무원이 지식을 갖춰야 한다. 이 지식이 단순히 졸업장을 의미하지는 않는다. 우리 지방자치를 망치는 주범 중의 하나가 바로 졸업장이다. 선무당이 사람 잡는다고 대학과 명예욕이 교묘하게 결탁하여 벌이는 학위장사가 지방자치 이후 성업하고 있다. 이건 그만큼 수요가 많다는 얘기다. 지방의회에 진출하거나 지방자치단체장이 되기 위해서는 졸업장과 학위가 필수인 시대. 이 시대가 만들어 내는 신종 번창사업이다.

졸업장과 학위만 있는 사이비들이 합작하여 만들어 내는 그럴싸하게 포장된 엉터리 정책이 시민을 기만하고, 재정을 좀먹고, 지방을 망치고 있다. 이러한 과오를 더 이상 반복하지 않기 위해서는 시민과 공무원의 무장이 필요하다. 시민과 공무원을 무장시키는 무기는 졸업장이나 학위가 아닌 지역과 살림살이에 대한 관심과 애정 그리고 철학이다.

철학 없는 정책은 베끼기, 짜깁기에 불과하다. 그런 정책이 시민을 감동시킬 수 없다. 그런 지방자치단체가 지역을 발전시킬 수 없다. 철학이 빈곤한 기계적 도시계획이 지역발전의 발목을 잡는 것이 바로 그러한 예이다.

이 책은 바로 이러한 문제의식에서 출간하게 되었다. 필자가 지방자치단체, 지방의회, 연구소, 대학에 근무하면서 몸소 느끼고 체험한 것을 토대로 수년간 『도시문제』와 언론에 기고한 다양한 주제의 글을 중심으로 재정리한 것이다.

필자의 주장이 어떤 측면에서는 일방적인 것일 수도 있다. 그러나 그것은 기득권과 고정관념에 대한 반항을 부추기려는 은밀한 유혹 정도로 이해해 주면 좋겠다. 자치, 정책, 사업, 계획에 대해서 뒤집어 보고, 거꾸로 보는 시도가 필요하다. 그러다 보면 전혀 다른 방향으로 입장을 정리하는 것이 옳다는 판단을 하게 될 수도 있다.

그냥 감으로 하는 정책과 철학을 가지고 하는 정책이 같을 수 없다. 따라서 이 책에서 제시하는 55가지 글은 우리 정책과 지방자치를 돌아보는 한 계기가 될 수 있다. 그러한 바람이 이 책을 펴내는 목적이기도 하다.

이 책은 모두 여섯 묶음으로 짜여 있다. 「걷고 싶은 도시를 만들자」, 「시스템은 과학이고 능률이다」, 「시민참여가 성공과 실패를 결정한다」, 「정책에도 품질이 있다」, 「상생(相生)의 길로 가는 공간을 만들자」, 「미래를 위해 차분히 준비하자」 등 여섯 묶음에는 성격에 따라 각각 몇 편씩의 글이 들어 있다.

모두 지방자치, 지역개발, 도시문제, 지방재정 등 우리 살림살이에 관련된 주제들이다. 다소 도발적이고 엉뚱한 소리로 들릴 것도 있겠지만 현장 중심, 철학 중심의 얘기들이다. 부디 이 허접한 글들이 졸업장과 학위로 만드는 자치, 정책이 아니라 애정에 기반을 둔 '철학'으로 하는 진짜 자치, 참정책을 뒷받침할 수 있기를 바란다. 철학 없는 정책은 껍데기에 불과하다.

2010년 가을

안양 평촌 서재에서

김광남

제3부 시민참여가 성공과 실패를 결정한다

제6부 미래를 위해 차분히 준비하자

제1부

걷고 싶은 도시를 만들자

안전한 도시, 걷고 싶은 도시를 만들자

미국 버지니아 주 햄프턴(Hampton) 시의 모토(motto)는 "City of Hampton Online(온라인 도시 햄프턴 - 행정과 시민을 온라인으로 연결: 필자 주)", "America's First(미국제일주의, 여러 분야에 미국의 첫 번째 도시)", "From the Sea, To the Stars(바다에서 별까지)"이다. 모두 지역의 역사와 환경을 염두에 둔 멋진 시정구호들이다.

우리나라 지방자치단체들도 저마다 지향하고 있는 시정목표와 미래상에 대한 구호를 내세우고 있다. 그런데 잘 들여다보면 도저히 지역 현실과는 연상이 되지 않는 엉뚱한 소리를 하고 있거나 듣기 좋은 말로 그럴싸하게 포장된 표현이 상당수다. 특히 지방자치단체마다 별 특색 없이 비슷하고 관선시대의 시정구호를 답습한 곳도 눈에 띈다.

시정구호를 아무리 미사여구로 포장하더라도 현대 도시가 지향해야 할 목표는 한 가지로 압축할 수 있다. 그것은 '걷고 싶은 거리'를 만드는 것이다. 인구의 90% 가까이가 도시에서 살고 있는 이 시대에 우리는 도시를 어떻게 가꾸어야 할까?

건축가 김진애(서울포럼대표, 현 국회의원)는 어떻게 하면 우리 모두 사는 도시를 기꺼이 살고프게 할 것인가? 어떻게 하면 도시를 즐길 줄 아는 도시인이 될 것인가? 어떻게 하면 '걷고 싶은 도시'로 근사하게 가꿀 것인가를 화두로 내걸고 이젠 도시를 유쾌하게 즐기며 살고픈 곳으로 만들자며 미래의 도시계획 제1과제는 '건강한 길거리 꾸미기'라고 못 박고 있다.

그는 도시가 땅주인의 전유물이 아닌 시민의 것이므로 도시가 진정 도시다운 핵심이라면 그것은 '걷고 싶은 도시'여야 하며 걸으면 건강하고, 사람을 만나고, 즐겁고, 눈높이에서 모든 것이 이루어지며, 걷는 사람이 많으면 장사도 잘되고, 걷는 사람이 많을수록 범죄도 줄어들게 된다고 말한다. 따라서 도시를 만드는 모든 행위들은 '걷고 싶은 도시'라는 명제에 귀착되어야 한다고 역설하고 있다.

이런 점에서 무분별한 난개발 때문에 재산과 생명까지 잃고, 여성과 청소년이 위험으로부터 보호받지 못하고, 장애인과 노약자가 다니기조차 불편한 우리 도시의 공간은 너무나 위험하고 비인간적이다. 인간의 생명과 재산을 지켜 주는 것은 도시의 가장 원시적인 1차 기능이다. 그런데 우리의 도시들은 과연 얼마나 떳떳하게 '도시'임을 내세울 수 있는가?

규제완화를 빙자(?)해 도심에서도 시속 80㎞ 라는 살인적 속도로

질주하는 자동차, 하루가 멀다 하고 반복되는 공사, 장애인을 거부하는 도로와 육교·지하도. 이 도시에서 우리는 과연 주인인가? 이런 위험 속에서 오늘도 우리 도시는 또 파헤쳐지고 신음하고 있다.

지방자치단체들은 그럴싸한 언어유희의 시정구호를 버려야 한다. 자연과 인간 앞에 겸허해지고 좀 더 솔직해져야 한다. 최소한 시민의 생명과 재산을 보호하는 '안전'을 제1의 명제로 삼자. 그래서 '걷고 싶은 도시'를 만들자. 안전한 도시가 바로 걷고 싶은 도시를 만드는 출발점이다.

사랑하는 가족과, 연인과 함께 거닐 수 있는 거리. 그것이 시민이 제대로 이해하기도 어려운 층층시하의 법체계를 내세우거나 골치 아픈 관련 법 조항을 들먹이지 않더라도 도시계획과 도시관리가 지향해야 할 1차 목표인 동시에 최종 목표인 것이다. 우리는 도시에서 인간답게 살 권리가 있다.

'느림보' 도시를 만들자

　몇 년 전에 이탈리아의 도시들이 '느린 도시(Citt a' Slow)'를 만들 겠다고 다소 엉뚱한(?) 발표를 했다. 토스카나와 그레베 시 등 33개 도시가 참여한 이 운동은 도시의 숨 막힘에서 탈출하여 '느림의 여유'를 되찾고자 하는 취지에서 시작되었다.

　이들은 부득이한 경우를 빼고는 전기자동차를 도입하거나 자동차 대신 자전거를 이용하고 경음기 사용을 금지시킨다는 방침을 세웠 다. 그러나 이들은 '느린 도시'가 현대문명을 무조건 배격하는 '안티 (anti)' 운동이 아니라 인간의 생활공간인 도시를 보다 편안하고 삶 의 기쁨을 누릴 수 있는 곳으로 만드는 것이 목표라는 점을 밝히고 있다. 따라서 느린 도시는 문명이 배격된 비효율적인 도시가 아니라 사람들이 안전 · 쾌적 · 행복을 느낄 수 있는 도시를 말한다.

　그런데 우리 도시들은 거꾸로 가고 있는 것 같다. 규제를 완화한다 는 구실로 일부 시내도로의 자동차 속도제한을 시속 60km에서 70km, 심지어 어느 지역은 80km까지 상향 조정했다. 그 결과 살인적 속도로 질주하는 자동차들은 도심의 흉기로 변하고 밤낮으로 소음은 더욱 심해졌다.

환경부가 전국 25개 도시의 환경소음을 측정한 결과에 따르면 전용 주거지역의 낮 소음도는 강릉과 마산 등 2개 도시만 빼고는 모두 기준치인 50㏈를 초과하는 '시끄러운 도시'라는 판정을 받았다.

최소한의 안전마저 보장받지 못하는 우리 도시에서 주거의 쾌적함을 찾는 것은 지나친 사치일까? 이 도시에서 어느새 우리는 왜소해지고, 생명의 위협을 받고, 쾌적한 생활의 여유를 빼앗기고, 주인자리를 넘겨주고 있다.

지나친 속도제한이 시민의 자유로운 생활을 억압하고 국가경쟁력을 해치는 악법이라고? 20~30㎞가 저속도 아닌데 그것이 시민생활을 불편하게 하는 속도라는 것은 도무지 설득력이 없다. 도심의 주행속도 60㎞는 결코 경쟁력을 해치고 주민생활을 불편하게 할 정도로 느린 속도가 아니다. 오히려 시민의 생명과 행복을 보장하기에는 너무 빠른 속도라고 할 수 있다.

흔히 어메니티(amenity)라고 하는 도시의 쾌적함과 인간으로서 보장받아야 할 최소한의 안전성을 송두리째 내주고 편리성과 속도를 찾는 것이 진정 우리 경제를 살리고 국가경쟁력을 높이는 것일까? 대답은 '아니다.' 시민의 안전과 행복은 다른 가치와 교환할 수 없는 가치 이상의 것이기 때문이다.

　도심 자동차속도 상향정책은 흔히 개혁기에 일어나는 아류(亞流)가 주류(主流)를 몰아내는 가치혼돈의 정책오류이며 규제완화정책의 본말이 전도된 3류 정책이라고 지적하지 않을 수 없다.

　규제완화라는 '시대 정의(?)'가 모든 정책을 정당화시켜 주는 '미다스(Midas)의 손'은 아니다. 도시정책에서 고려해야 할 가장 기본이 되는 기준은 오직 인간일 뿐이다. '느림의 우둔함(?)' 속에 숨겨진 '인간, 생명, 지속 가능성'의 가치와 미학을 배우자.

도로표지판 외국어표기 문제 있다

우리나라는 거의 모든 도로안내표지판에 한글과 영문을 함께 표기하고 있고 영문표기 방법은 국토해양부의 지침을 따르고 있으나 일부 내용이 불합리하며 도로관리 주체 이원화로 통일성 있게 표기되지 못하고 있다.

영문표기는 외국인을 위한 것이므로 그들이 알아볼 수 있도록 바르게 써야 하는 것이 표기의 대전제이다. 따라서 도로표지판의 영문표기는 다음과 같은 원칙을 고려하여야 한다.

첫째, 정확성이 기본이다. 영문표기 중 시민회관을 'cityzen hall'과 같이 철자를 틀리게 쓰거나 종합운동장을 'sport complex'와 같이 단수형으로 잘못 적은 경우가 있다. 외국인이 이해 못할 축약형 표기도 주의해야 할 부분이다. Prov. Ofc. of Ed.를 경기도교육청으로 또 PHEI of Kyonggi－do를 경기도보건환경연구원으로, KDHC · KEPCO를 집단에너지시설로 이해할 외국인이 한 명이라도 있을까 의문이다. 역과 경찰서의 의미로 원칙 없이 쓰고 있는 sta., stn.도 station으로 표현하는 것이 바람직하다.

둘째, 교통안전과 직결되는 기능성을 중시하여야 한다. 도로표지판의 글자는 운전자가 쉽게 식별할 수 있도록 자체와 크기, 내용이 적합해야 한다. 농수산물도매시장을 나타내는 agricultural & marine products wholesale market과 같은 표기는 한정된 면적의 도로표지판에 표기할 경우 글자가 너무 작고 촘촘해 운전자가 식별하기가 불가능하므로 wholesale market 정도로 줄여 쓰는 것이 차라리 더 나은 표현이다. 한글과 영문이 빼곡하게 적혀 시각적 혼란을 초래하고 오히려 안전운행에 장애가 되는 표지판들은 시급히 정비해야 한다.

셋째, 표기방식을 통일해야 한다. 농수산물도매시장의 경우 Grain Fish Market, Farm & Fish Produce Market, Produce Fish Market, Grain − Fish Mkt 등 지역별로 다르게 표기하고 있다. 고속도로를 나타내는 Exp − wy, Expwy, Expwy도 Express way로 바르게 적어야 한다. 구청을 나타내는 gu와 district, 시에 대한 표기 shi와 city도 통일된 기준이 필요하다.

도로표지판 한자표기 방침도 시각적 · 공간적 · 경제적 측면에 대한 깊이 있는 검토를 거쳐 결정해야 한다. 관광객 유치와 외화획득을 위한 배려라는 점은 이해 가지만 일본인이 많이 오면 일어표기도 하고 그래서 도로표지판에 한글, 영어, 일어, 한자를 모두 쓰는 모순에 빠지게 될 수 있기 때문이다.

한·중·일의 한자 자체(字體)도 많이 변형되었으며 사용례나 표기방식도 상당한 차이가 있다. 꼭 필요하다면 문제점에 대한 충분한 연구를 거친 후 관광지와 같은 특정지역이나 주요 지점에 한하여 최소한의 범위 내에서 시행해야 할 것이다. 기능성과 경제성을 따져볼 때 모든 도로표지판마다 영문표기를 하는 것이 과연 바람직한 것인가에 대하여 근본적으로 재검토할 필요가 있다.

방재도시가 필요하다

옛 도시인 도성(都城)은 자연재해를 포함한 외부의 적으로부터 백성을 지키기 위한 목적에서 출발하고 있다. 시민의 생명과 재산을 보호하는 것은 현대도시에 있어서도 제1차적인 도시의 주요 기능이다.

그러나 오늘날 인간의 무지와 오만에서 비롯된 자연파괴, 지나친 개발로 인해 자연의 재앙으로부터 인간은 신음하고 있다. 연전(年前)에 중국 양쯔 강 대홍수도 강유역의 산림이 85% 이상이 황폐화된 것으로부터 비롯되었고 반복되는 수재는 난(亂)개발과 졸속복구가 초래한 인재(人災)라는 문제제기가 계속되고 있다.

도시가 발전할수록 성장과 재해 사이에는 관련성이 높아진다는 것이 경험법칙을 통해 얻은 결론이다. 첫째, 인구와 시설이 밀집할수록 재해 피해 가능성이 높아진다. 둘째, 도시구조와 생활양식이 다양해짐에 따라 재해도 복합적 형태로 발생한다. 셋째, 개발 과정에서 잘못된 시설정비와 안전저해요인의 증가는 도시의 재해 유발성을 높인다.

이렇듯 현대의 도시는 인구와 산업이 집중하고 개발이 진행됨에 따라 점점 재해에 노출되는 정도가 높아지는 취약한 구조를 가지고 있다. 그렇기 때문에 선후진국을 막론하고 재해로부터 시민의 인명과 재산을 보호하는 것은 도시정부의 가장 기본적이고 중요한 사명인 것이다. 이러한 사명의 궁극적 목표는 결국 재해에 강한 도시 만들기, 즉 안전한 도시 만들기로 귀착된다. 방재(防災)는 재해 발생으로부터 입게 되는 피해를 최소화하거나 피해확산을 최대한 억제하는 것을 말한다.

재해는 크게 자연재해, 산업재해, 시설재해로 구분된다. 방재도시의 개념은 이러한 모든 유형의 재해에 대하여 강한 도시, 즉 재해에 대응하는 충분한 능력을 갖춘 도시를 만드는 것을 말한다.

재해에 강한 도시, 즉 방재도시를 만들기 위해서 가장 중요한 것은 도시계획과 방재계획을 통합시켜 계획단계부터 일원화된 시스템을 갖추는 것이다.

지방자치단체의 도시계획조례는 "도시계획은 주거기능, 상업기능, 공업기능 등이 조화를 이루고, 주민이 편안하고 안전하게 생활할 수 있도록 하기 위하여 환경친화적이고 발전적이며 경제활성화 및 도시성장관리를 지향함을 기본방향으로 한다"라고 안전한 도시 만들기에 대한 목적지향을 분명히 하고 있다.

그러나 현실적으로 아직 지방자치단체는 체계적이고 포괄적인 방재시스템을 갖추지 못하고 있다. 기껏해야 '수방단운영조례', '재해대책본부운영규정'과 같이 사후적, 부분적 대응에 관한 것을 상징적으로 만들어 놓은 수준에 지나지 않는다. 따라서 지방자치제 아래서 지역특성을 살려 도시개발에 상응하는 방재체제가 구축되도록 법규와 제도상으로 시급히 보완되어야 한다.

안전한 도시는 재해를 예방하고, 재해 발생 시 피해를 최소화할 수 있는 능력을 갖춘 도시를 말한다. 그러기 위해서는 도시계획영역에 구체적 방재개념이 도입되어야 하며 도시방재계획은 도시계획의 하위분야로서가 아니라 안전한 도시를 만들기 위한 첫걸음이라는 입장에서 출발하여야 한다.

재해로부터 자유롭고 안전한 도시를 만드는 것은 도시정부가 그 어떤 정책에 앞서 갖추어야 할 기본적 준비 자세이며 최우선의 정책목표이다.

수해, 정말 대책은 없는가?

때만 되면 반복되는 수해는 중앙정부와 지방정부의 수방체계에 무언가 중대한 결함이 있음을 보여 주고 있다. 예산문제, 절차문제, 관할문제 등등 수해가 끝나면 복잡하게 얽힌 문제를 푸느라 다음 해 우기가 오기 전에 복구하기도 어려운 게 우리나라 재난복구 시스템이라면 큰 문제가 아닐 수 없다. 복구가 되기를 바라는 것보다 차라리 기우제를 지내는 편이 낫다는 생각이 들 정도니 방재행정에 대한 주민의 불신이 얼마나 큰지 알 수 있다.

우리나라 지방자치단체의 재난방지행정도 이젠 6, 70년대의 낡은 틀에서 벗어나야 할 때가 됐다. 수십 년이 지나도 뾰족한 대책 없이 직원 비상소집을 하는 게 대응책의 전부라면 문제가 아닐 수 없다. 누구를 위한 것인지 보고용 상황판으로 가득한 재난상황실, 바쁜 복구현장에 어김없이 등장해 가뜩이나 바쁜 공무원들의 눈총을 받는 고위층, 심기 불편한 피해주민은 아랑곳 않고 선거용 사진 찍기에 열 올리는 정치인. 이런 것들이 아직도 계속되는 우리나라 지방자치단체의 재난방지행정과 현장의 모습이다.

사실 그동안 개발의 피해는 주로 교통, 환경, 학교 등 주로 주거환경 악화라는 2차 문제에 치중되어 논의돼 왔다. 그러나 무분별한 개발과 방심, 주먹구구 대응, 관할타령이 수해로 직결되고 인명과 재산의 직접적인 피해를 가져온다는 것이 그동안 우리가 겪은 수차례의 수해에서 입증되었다. 따라서 이제 지방자치단체의 재난대비행정은 수해복구나 재난구호와 같은 소극적·사후적 차원이 아니라 인간의 생명과 재산을 보호하고 '인간이 살 수 있는 도시'를 만들기 위한 생존권 보호차원에서 적극적·사전적으로 다루어져야 할 문제이다.

도시화는 가속도가 붙어 인구와 시설이 도시로 집중하고 개발이 도처에서 계속되고 있으며 이에 따라 도시재해의 발생 가능성은 날로 커지고 있다. 오늘날 동서를 막론하고 일반적으로 도시정책의 기본명제는 '살기 좋은 도시'를 만드는 데 모아지고 있다. 어떤 도시가 더 살기 좋은 도시인가에 대하여는 획일화된 기준이 없을 수도 있지만 도시는 무엇보다도 가장 먼저 안전해야 한다. 경제나 문화, 예술 따위는 이러한 안전이 확보된 뒤에 누릴 수 있는 2차적 삶의 질 문제이다.

도시는 자연재해로부터도 시민의 생명과 재산을 최대한 보호하는 것을 목표로 해야 한다. 그러기 위해선 지방자치단체의 도시·건설·건축·교통 등 모든 분야에서 중앙정부 - 지방자치단체 - 민간 사이에 유기적인 상시(常時)방재시스템을 구축해야 한다. '안전한 삶'이 위협받고 하물며 인재(人災)라고까지 일컬어지는 일련의 도시재난이

되풀이되고 있는 것은 지방자치단체가 제 할 일을 하지 못하고 있다
는 지적을 면하기 어렵다.

도시에서 '안전'을 지키는 일은 도시관리정책의 가장 기본이며 지
방자치단체에게 부여된 제1의 사명이다. 온통 미사여구로 포장된 어
메니티(amenity), 삶의 질(QOL), ISO 등등은 시민의 기본적 생존권
이 위협받는다면 휴지 조각에 불과한 허구적 액세서리(accessories)
정책일 뿐이다.

지방자치시대의 재난관리체계 개선이 시급하다

우리나라에서 발생하는 대부분의 자연재해는 기상이상이 원인이 되어서 발생하는 기상재해에 해당하고 있고, 최근 10년간(1992~2001)의 자연재해 피해현황을 살펴보면 평균적으로 인명피해가 106명, 이재민 14,678명, 농경지침수 49,068ha로 6,811억 원의 막대한 피해가 집계되고 있다. 지난해(年) 전국을 강타한 태풍 '루사'의 피해액은 모두 5조 5천억 원으로 파악되고 이에 대한 복구비용은 8조 원 정도이며 이번 '매미'도 백 명 이상의 인명피해와 4조 원 이상 재산 피해가 발생하는 등 가뜩이나 어려운 국민경제에 큰 손실을 끼치고 있다.

자연재해가 기상이변에 따라 발생하기 때문에 피할 수 없는 것이라 하더라도 효율적인 방재대책 수립, 국민행동요령 숙지, 유관기관 간의 협력체제 구축과 신속한 대응 등에 따라서 그 피해를 최소화할 수도 있다. '매미'의 피해가 이웃 일본은 불과 몇 명의 인명피해에 그쳐 우리와 너무 대조를 보였다. 비슷한 시기에 미국 동부를 강타한 허리케인의 상륙을 앞두고 주민 30만 명에게 강제대피명령을 내린 당국의 그 철저한 원칙과 통제가 부럽다.

반면에 경보방송과 통제에도 불구하고 낚시나 야영을 하다 피해를 입는 우리의 경우는 상식적으로 이해가 가지 않는다. 기상이변으로 인한 자연재해가 아무리 피할 수 없는 것이라고 위안을 해도 재난대비체계의 미흡과 개인의 부주의가 빚어낸 결과치고는 피해가 엄청나게 크며 너무 자주 되풀이되는 안타까운 일이 아닐 수 없다.

소방방재청이 국민 1,000명을 대상으로 자연재해에 관하여 실시한 정부 여론조사에 따르면, 국민들은 인명과 재산피해가 발생하는 이유로 '수해방지시설의 문제'(38.8%) > '집중호우'(35.0%) > '복구 및 구조체계 미흡'(18.3%) > '국민들의 대비태세 미흡'(6.9%) 등의 순서로 응답하고 있다. 자연재해 발생 시 대피요령 등에 대해서는 '알고 있다'는 응답이 54.9%로 나타났으며 태풍이나 호우 발생 시 재해 상황이나 정보를 파악하는 경로는 'TV'가 92.7%로 압도적이다. 긴급 대피명령이 내린다면 '대피명령이 없어도 독자적으로 미리 대피'하겠다는 응답이 42.9%로 가장 높으며 '대피명령 발령 시 즉시 대피'하겠다는 응답이 31.5%로 나타나 전체 응답자의 74.4%가 대피명령에 대해 긍정적인 수용자세를 가지고 있는 것으로 나타났다.

이러한 조사결과는 우리나라 재해방지체계가 나가야 할 방향을 함축하고 있다. 또한 태풍 매미의 피해는 지방자치시대의 재난관리체계에 중대한 허점이 있으며 중앙과 지방의 유기적인 역할분담과 동시에 통합관리 시스템이 절실하다는 것을 보여 줬다. 작년 피해현장이 '복구 진행 중'인 채로 올해 다시 피해를 입은 것은 재난복구사업의 예산 - 계약 - 집행 시스템이 완전히 뜯어고쳐야 하는 개혁대상임을 그대로 보여 주고 있다. 아무리 법과 절차를 내세우더라도 국민에 대해 변명의 여지가 없다.

　재해방지대책에는 연습이 없다. 아무리 그럴싸한 계획이라도 이런 '기초대책부실'에서 비롯된 피해가 되풀이된다면 그건 휴지 조각에 불과하며 어떤 설명으로도 국민을 납득시킬 수 없다. '재난관리청' 발족을 앞두고 자기영역 확보를 위해 홈페이지에 릴레이로 글을 올리며 부처이기주의와 주도권 다툼에 빠져 있을 때, 현장의 복구공사는 지지부진했고 중앙과 지방의 유기적 협조도 부실했다. 그리고 그 결과는 참담함 그 자체로 나타났다. 재난관리는 구호나 계획서로만 하는 것이 아니라 모든 시설물을 원칙과 기준에 따라 철저히 시공관리 하고 비상대피 및 응급구조체계를 철저히 갖추어야 하는 것은 두말할 필요도 없다.

　지나친 염려인지 모르겠으나 지방자치제 실시 이후 재난대비 분야에선 뭔가 느슨해진 기분이 든다. 분권화가 대세라 하더라도 재난방지 분야에서만큼은 중앙정부의 적극적인 조정이 필요하며 중앙과 지방의 유기적 연대가 필수적이다. 각종 시설물 인허가에 대한 안전기준 강화와 원칙준수, 재배시설물에 대한 안전관리 철저, 위험지구에 대한 토지이용의 제한, 위험 시 대피명령 강제집행 등에 예외가 있어서는 안 된다. 재해관리에 있어서 최고의 가치는 '안전'이며, 단 1%의 위험성만 있어도 강제 대피명령 등과 같은 기준은 철저히 적용되고 이행되어야 한다.

제2부

시스템은 과학이고 능률이다

'주먹구구' 사회와 시스템 사회

눈높이 행정, 소비자 중심 행정으로 바꾸자

범죄신고 112, 간첩신고 113, 화재신고 119는 오래전부터 귀가 닳도록 들어온 신고번호들이다. 이때만 해도 별로 복잡하지는 않았다. 그런데 사회가 복잡해지면서 각종 전화번호가 양산되었고 각 기관마다 시민의 생활 불편을 해소해 준다는 갸륵한(?) 뜻에서 너도나도 신고·상담 전화를 만들어 냈다.

흔히 볼 수 있는 신고·상담전화번호는 민원상담전화 120, 상수도고장신고 121, 전기고장신고 123, 밀수신고 125, 마약사범신고 127, 환경오염신고 128, 응급환자신고 1339, 관광불편신고 134, 여성상담전화 1366, 사랑의 식품나누기 1377, 청소년보호전화 1388, 아동학대긴급신고전화 1391, 부정불량식품신고 1399, 감사원신고 02-188, 가출청소년찾기운동본부 2242-8297, 한국노인의 전화 3141-8802, 생명의 전화 1588-9191, 아동학대신고 717-2493, 청소년상담 730-2000 등 헤아릴 수 없다. 대충 파악한 것만도 이 정도니 시민들이 이 번호들을 과연 몇 개나 알고 얼마나 이용해 봤는지 궁금하다.

이런 전화번호들은 국민의견을 수렴하고 불편을 해소해 준다는 취지에서 출발하고 있지만 실상은 유명무실한 것이 태반이다. 그것은 이런 전화번호 체계가 국민의 편의를 고려한 수요자 중심의 시책이 아니라 정부와 지방자치단체의 편의에 따라 실적평가용으로 정해진 공급자 중심의 시책이었기 때문이다.

줄잡아 수백 개의 이러한 전화번호들이 처음부터 사용자인 시민들의 입장을 조금만이라도 고려했더라면 적어도 이렇게 난립(?)하지는 않았을 것이다. 실제로 어떤 신고를 하기 위해서는 신고 상담용 전화번호부를 별도로 하나 더 만들어 뒤져 봐야 할 정도니 말이다.

'필요한 사람이 외워서 아는 사람만 전화해라'는 식으로 짜인 현재의 신고·상담 전화 체계는 기업의 입장에서 평가한다면 전혀 팔리지 않는 상품이다. 그도 그럴 것이 소비자의 수요패턴과 구매 욕구에 대한 기본 조사 없이 '이런 상품을 한번 만들어 보자'는 식으로 만들어진 제도니 이용자가 제대로 있을 리 만무하다. 그래서 대부분의 신고·상담 전화가 개점휴업상태로 방치되어 있는 실정이다.

행정이 진정 고객을 위한 서비스로 자리 잡으려면 눈높이를 주민에게 맞출 필요가 있다. 이용자에게 혼돈을 줄 정도로 수많은 번호를 나열해 놓고 소비자가 알아서 고르도록 하는 현재의 방식은 시민에게 혼란을 주고 소비자가 행정서비스에 쉽게 접근하는 것을 막는 장애물이다. 이렇게 편성된 우리의 신고·상담전화번호 체계는 비과학적이며 소비자 편의를 고려하지 않는 전형적인 공급자 중심의 시장 상품이다.

가급적 시민이 찾는 전화번호를 단순화하고 한 창구에서 내용에 따라 배분해 주는 시스템을 갖추자. 고생도 책임도 모두 시민의 탓으로만 돌리는 주먹구구식 신고·상담 전화번호를 핫라인(hot line)의 '단순 집중－배분' 체계로 바꿔야 한다. 고객이 두리번거리거나 불필요한 발걸음을 하지 않도록 배려해 주는 것이 '고객만족(customer satisfaction) 최고의 서비스'이며 가장 과학화한 선진행정 시스템이다.

행정서비스헌장을 만드는 것도 좋지만 그보다 앞서 불합리한 행정골격의 근본 시스템을 개선하는 노력이 필요하다. 몇 년 전까지만 해도 우왕좌왕하던 은행창구가 대기번호표 시스템 하나로 단번에 질시를 찾은 것이 바로 시스템의 위력이다. 시스템은 과학이고 능률이며 합리성 그 자체이다.

온통 **"혁신"**인 공직사회를 말한다

　정권마다 내세우는 주된 테마가 있다. 노무현 정부의 테마는 "혁신"이었다. 대통령과 장관의 말씀에도, 업무보고 내용과 문서 귀퉁이에도 온통 혁신이 자리 잡고 있다. 혁신은 변화를 말한다. 역대 어느 정부도 변화를 요구하지 않은 적은 없다. 늘 새로움을 강조하다 보니 어느 때에는 새롭지 않은 것이 새로움으로 등장하는 경우도 있다.

　혁신, 표현은 달랐지만 서정쇄신, 새 역사 창조, 신한국건설, 구조조정 등 시대와 정권을 거치면서 공공부문의 변화를 요구하는 정권적 요청(?)이 계속돼 왔다. 그러나 아쉽게도 근본적으로 바뀐 건 없다는 게 국민들의 일반적인 평가인 것 같다.

　그 이유는 첫째, 경쟁이 없거나 형식적으로 이루어지고 있기 때문이다. 공공부분에는 민간처럼 치열한 생존게임이 없기 때문이다. 그 안에는 이익(만족)을 남기지 못하고 망하는 기업(조직)이 없으며 적자(불만족)가 나면 봉급이 줄어들 염려도 없다. 경쟁 없는 곳에서는 혁신의 필요성을 그리 절박하게 느끼지 못한다.

둘째, 보상이 없거나 형식적으로 주어지기 때문이다. 열심히 일해도 그 몫이 제대로 돌아온다고 생각하지 않는 인식이 더 우세하고 위화감이니 조직 융화단결이니 어쩌고 하면서 나눠 먹기식 보상이 계속되는 '의사(Pseudo)평등주의'가 지배하는 한 혁신은 없다.

셋째, 자율이 없거나 제한된 형식적 자율에 그치고 있기 때문이다. 혁신은 곧 창조이다. 창조는 자율, 즉 자유에서 비롯된다. 그런데 공직사회는 아직도 전례가 금과옥조(金科玉條)로 대접받고 관행이라는 '보이지 않는 관습법'이 위세를 떨치고 있다. 넥타이와 와이셔츠로 포장된 형식과 겉멋이 공직사회의 대표로 위장하고 타율이 자율이란 이름으로 행세하고 있는 한 혁신이 싹트기는 어렵다.

그래도 바뀌어야 한다. 신념과 아이디어로 반짝이는 인재들이 무서운 조직문화의 틀에 갇혀 몇 년을 지내다 보면 온순한 가축이 돼버리는 현실을 깨부숴야 한다. 삼성이 10년, 30년, 1세기 뒤의 먹고 살 방법을 연구하고 있을 때, 공직은 무슨 생각을 해야 하는지 답은 이미 나와 있다. 공직이 국가발전을 선도하고 국민복지를 풍요롭게 만들지는 못해도 적어도 걸림돌이 되어서는 안 되기 때문이다.

허겁지겁 눈앞에 닥칠 때 변해야겠다고 느끼는 그런 혁신은 이미 늦다. 아무 짝에 소용없을 것 같은 혁신이 필요한 이유가 여기에 있다. 구호뿐인 혁신, 실천 없는 혁신은 공직사회를 또다시 '양치기 소년'으로 만들 뿐이다.

공직의 많은 부분을 일반기업과 경쟁토록 하는 것, 평등이 아닌 능력으로 보상을 주는 것, 강요된 타율이 아닌 자율과 책임 그리고 권한을 가진 조직을 만드는 것, 창의와 아이디어가 꽃피고 채택되는 그런 공직문화를 만들어야 한다. 안타깝지만 실패와 성공 확률은 반반이다. 성패의 관건도 대통령이나 국민의 요구가 아니라 바로 공직 스스로에게 달려 있다.

지역축제에 관한 여섯 가지 혁신방향

10월은 축제의 달이라 할 만큼 지금 지방은 축제가 한창이다. 공무원들은 준비로, 주민들은 흥겨움으로 그리고 기획사들은 대목으로 바쁜 나날을 보내고 있다. 가을이 이렇게 축제로 물드는 것을 아마 수확의 결실을 자축하는 전통적 의미에서 출발한 것이 아닌가 싶다. 또한 계절적으로도 잔치를 벌이기에는 안성맞춤의 절기가 아닌가?

지방자치 실시 이후 지역축제는 크게 늘어났다. 기획예산처 자료에 따르면 1994년 287개이던 지방축제가 2004년에는 무려 1,178개로 310%나 늘어났다. 지난해 사업비가 3억 원 넘게 들어간 지역축제도 147개에 이르는 것으로 나타났다.

현재의 지역축제가 가진 문제점은 건수나 비용보다도 알맹이 없는 선심성, 과시적 행사로 변질되고 있다는 점이다. 지방자치단체끼리 경쟁이 치열하다 보니 주제와 내용이 겹치는 유사축제가 비일비재하고 테마에 대한 설득력이 약하다는 지적을 받고 있다. 또한 전문성과 기획력이 부족하여 지역정서와 거리가 먼 이질적인 프로그

램들이 나열되고 오히려 지역성과 전통성을 훼손하는 무국적 축제
로 전락하는 경우도 있다.

지역 축제의 이런 문제점에 대하여 정부는 문화관광부 주관으로
전국 500여 개 지역축제에 대한 실태조사와 평가에 착수한 것으로
알려졌다. 또 기획예산처는 문화관광부의 평가 이후 지역축제 데이
터베이스 구축과 관광코스 개발 등 지역축제 효율화 방안을 내놓고
지역축제 경비 집행내역을 홈페이지에 공개토록 하여 선심성·소모
성 경비의 투명성을 높이기로 했다. 특히 지방재정분석제도를 개편
하여 지방행정 및 재정에 부담을 주는 낭비성 지출에 대해 분석·평
가하고, 행정안전부로 하여금 지역축제 평가결과 공개 및 특별교부
세 차등지원을 통해 지방재정운용의 효율화 및 책임성을 확보하도
록 한다는 방침이다.

지역축제에 대한 이런 평가시스템은 늦었지만 꼭 필요한 장치이
다. 또 이를 통해서 지역축제가 주민들로부터 사랑받는 알찬 잔치로
발전하는 계기가 될 수 있다. 그러나 무엇보다 우선하여 중앙정부
관련 부처나 지방자치단체 모두 지역축제에 대해 근본적으로 인식
을 전환하고 새로운 시각으로 접근하는 것이 필요하다.

지역성과 전통을 함께 지켜 나감으로써 지역사회 공동체 형성에
기여하는 축제 본연의 기능에 충실하기 위해서는 다음과 같은 여섯
가지 원칙과 관점에서 반성하고 접근하는 혁신이 필요하다.

첫째, '집합에서 분산으로' 바뀌어야 한다. 대개의 지역축제가 운동장, 공원, 문화회관 등 특정한 한 개의 장소에서만 집합적으로 개최되고 있다. 이런 경우 접근성 때문에 참여할 수 있는 주민은 축제가 열리는 장소를 중심으로 공간적인 제한을 받을 수밖에 없다. 판만 벌여 놓고 '볼 사람이 와라'는 식에서 벗어나 주민을 찾아가는 분산형 축제가 필요하다.

둘째, '행정에서 민간으로' 이양이 필요하다. 대부분의 지역 축제는 지방자치단체의 예산이 투입된다. 그래서 지방자치단체장의 취향과 입김이 작용하여 축제 자체의 특성을 그르치거나 여러 가지 부작용이 발생하기도 한다. 축제위원회라는 것을 만들었지만 대부분 형식적 이름걸기에 지나지 않는 유명무실한 경우가 흔하다. 주제와 프로그램의 결정 등 실제적인 권한을 행사하는 전문가와 주민대표가 참여하는 실제적 민간주도형으로 바뀌어야 한다.

셋째, '관람에서 참여로' 축제의 주체가 변해야 한다. 상당수의 지역 축제에서 아직 주민은 단지 공연을 보는 관람객 역할에 그치고 있다. 주민들이 직접 기획하고 프로그램에 참여하고 즐기는 주민중심의 프로그램으로 변화해야 한다.

넷째, '공급에서 수요로' 관점의 변화가 필요하다. 지역별로 별반 특색이 없는 유사 축제가 남발되고 있는 것은 축제를 공급하는 주체가 다양하지 못하다는 증거이다. 또한 축제의 테마와 프로그램에 대한 깊은 고민이 약하다는 것을 말해 준다. 적어도 지역주민이 무엇을

원하는지 지역정서와 전통에는 어떤 프로그램이 맞는지에 대한 조사
와 검증을 바탕으로 주민이 원하는 프로그램으로 틀을 짜야 한다.

다섯째, '일회성에서 계속성으로' 연결이 필요하다. 대부분의 지
역축제가 특정일 또는 특정기간을 정해 놓고 매년 비슷한 내용을 반
복하는 일회성 행사로 전락하고 있다. 하루나 며칠 연 축제가 주민
정서를 일 년이나 끌고 갈 수 있을까? 연중 개최되는 축제만큼 더
나은 축제는 없다. 지역의 다양한 축제를 일 년으로 안배하여 적어
도 분기에 한 번은 축제가 계속되도록 해야 한다.

여섯째, '규모에서 질로' 승부해야 한다. 품질에 자신이 없는 축제
일수록 덩치만 크다. 프로그램의 수준에 자신이 없으니 규모로 압도
하려고 예산만 퍼붓는 축제가 어디 한둘인가? 주민의 목소리에 귀를
기울이고 그들 곁으로 다가가 보듬으려면 덩치가 작아야 유리하다.
덩치가 크면 '행사'가 되고 작고 조용하게 다가선다면 주민의 감흥
을 돋우는 진정한 '잔치'가 된다.

지역축제는 중단 없이 계속되어야 한다. 축제는 주민의 삶을 보듬
고 흥을 돋움으로써 삶의 활력소가 되는 카타르시스 기능을 가하기
때문이다. 그래서 지역축제는 지역의 역사문화와 전통에 기반을 두
어야 하고 주민 정서와 지역이미지, 브랜드 등과도 일맥상통하는 연
결점이 있어야 하는 것이다. 무엇보다도 주민과 함께하고, 주민 품
으로 찾아가는 축제를 만들기 위해서는 '관습법적' 사고의 틀에서
벗어나는 혁신이 필요하다.

관료사회의 다섯 가지 신앙

조직을 지탱해 온 힘, 조직을 망하게 하는 암

관료조직에서 나타나는 일단의 문화현상인 관료주의 증후군이라는 게 있다. 관료사회를 지배하는 이 다섯 가지 신앙은 국가의 근간인 관료조직을 유지시켜 온 저력인 동시에 가장 경쟁력 없는 조직으로 전락시킨 주범이기도 하다.

첫째는 규정(規定)의 신앙이다. 관료사회에선 "그거 규정에 있는 거야?"라는 말이 업무처리의 근거와 기준이 된다. 규정은 조직의 기본 틀을 유지하고 조직원들 사이에 공유된 질서, 즉 일정한 범위의 통일성을 유지하면 족한 것이다.

그런데 이 규정이 지나치게 강조되다 보면 조직이 지향하는 목적보다 조직유지를 위해 있는 부수적인 규정이 우선하게 되고 마침내 '목적과 수단'이 뒤바뀌는 현상이 발생하게 된다. 이렇게 되면 결국 조직도 구성원도 모두 규정의 노예가 되고 만다. 규정 자체가 가진

합목적성보다 규정이 모든 것에 우선하게 되는 '조직경화(組織硬化) 현상'은 관료조직의 암덩어리이다.

둘째는 전례(前例)의 신앙이다. 어떤 일을 새로 시작할 때는 제일 먼저 전례가 있느냐를 따진다. 실무 공무원이 튀는 아이디어로 새로운 일을 하려 해도 상급자들은 "타 시에 그런 사례가 있는지 파악해 봐라", "외국사례는 어떠한가?"를 따진다. 물론 시행착오와 실패를 최소화하려는 좋은(?) 뜻이겠지만 관료조직이 절대로 기업조직을 앞서지 못하는 분명한 이유가 바로 여기에 있다.

남들이 다 해 놓은 것만 조금 더 잘 만들어 내놓는다는 식으로는 늘 2등일 수밖에 없다. 이런 관료조직은 큰 탈 없이 굴러가고 늘 바삐 움직이지만 알맹이는 없는 '관리지상주의(管理至上主義)'에 지나지 않는다. 이런 조직에서 '혁신'이란 단어를 찾기란 쉽지 않다.

셋째는 중간(中間)의 신앙이다. 관료조직에서 성공하려면 상사가 시킨 일에 대해 절대로 그 자리에서 바로 '노(No)'라고 하지 말라는 게 불문율이다. 즉 "검토해 보겠습니다" 이렇게 대답을 해야지 "예", "아니오"로 분명하게 대답을 하게 되면 책임을 뒤집어쓰는 위험이 뒤따른다는 것이다. 이런 불문율이 관습화되어 민원업무를 처리할 때도 가부에 대해 속 시원히 대답하지 않게 된다. 그래서 민원인들은 혹시 공무원이 뭘 원하지는 않는 것인지 오해를 하게 되고 떡값이 오가는 부작용도 파생된다.

넷째는 수성(守城)의 신앙이다. 지방자치단체장 선거를 앞두거나 본인의 승진·전보를 앞두고는 일을 벌이지 말고 분위기 파악만 잘하라는 것이다. 쓸데없이 일을 벌였다가 눈 밖에 나거나 재수 없이 감사에 걸리면 10년 주사(主事) '도로아미타불'이 될지 모르는 일이기 때문이다. 그래서인지 아직도 주장이 분명하고 일로 승부를 거는 공무원보다는 두루뭉술형이나 손금마모형 공무원들이 더 빠른 승진과 영전을 거듭하고 있다.

다섯째는 내무(內務)의 신앙이다. 지방자치단체장보다는 마님을 잡으라는 것이다. 마님에게 접근하면 일에 승부 걸 때의 불확실성과 높은 경쟁률을 피해 갈 수 있는 장점(?)이 있다. 공무원뿐만 아니라 군, 정치인들에게도 인사, 공천은 물론 지역사업과 사소한 문제에 이르기까지 마님의 말씀은 약발이 있다. '베갯머리송사'의 영향력은 부연설명이 필요 없을 정도로 우리 정치·지방자치사가 이를 증명하고 있다.

오늘도 관료조직을 움직이는 다섯 가지 신앙은 수면 밑에서 바쁘게 돌아가고 있다. 다섯 가지 신앙을 숭배하는 광신도들이 알맹이를 다 빼먹고 간 뒤, 이런 생존의 법칙도 모르고 오로지 시민을 위해 열심히 일하는 우매한(?) 공무원들만 오늘도 숱한 야근과 점검과 평가의 반복 속에서 파김치가 돼 가고 있다.

벤처지존의 고정관념을 깨자

벤처는 가히 우리 경제의 지존(至尊)으로 대접받고 있다. 그것만이 국가생존의 전략적 키워드이며 여기에 다른 이유나 토를 달면 경제를 모르는 무식쟁이로 여길 정도이다. 이에 따라 중앙정부도 지방자치단체도 앞을 다투어 벤처 유치와 지원을 위한 장밋빛 청사진과 유인책을 내놓고 있다.

그런데 과연 기업에서 벤처를 따로 떼어내 생각할 수 있을까? 최소비용으로 최대의 이익을 창출하려는 기업원리 그 자체가 이미 벤처이기 때문이다. 과연 벤처정신 없이 활동하는 기업이 몇이나 될까? 기업에서 벤처를 따로 떼어내 특별대우를 하려는 발상에서부터 문제가 시작된다. 대부분의 법과 제도가 그렇듯이 취지가 아무리 좋더라도 시행과정에서 예상치 못한 부작용들이 다반사로 발생하는 경우가 흔하다.

현재 우리나라에서 벌어지고 있는 벤처열풍도 알고 보면 단기적 결과에만 집착한 정책당국자와 지방자치단체, 투기적 벤처기업인,

대박을 노리는 투자자들이 빚어낸 합작 불량품이다. 벤처는 단지 기업일 뿐, 그 이상도 그 이하도 아니다. 따라서 정상적 경제원리와 기업경영의 원칙을 벗어난 벤처기업 지원과 투자와 경영이 대박을 터뜨릴 확률은 극히 낮다.

시장경제체제에서 모든 경제정책수단들은 시장경제질서라는 전체적 틀에 부합돼야만 의도하는 목표를 효율적으로 달성할 수 있다. 즉 정책수단들도 경제질서라는 큰 틀 안에서 일정한 질서를 가져야 한다는 경제질서이론의 기본명제가 벤처기업활성화에서도 적용되어야 하는 것이다.

'벤처기업'을 특정 개념으로 규정하고 그러한 '벤처기업'에 대해서만 개입주의·차별주의 차원에서 지원을 하는 것은 시장경쟁과정을 왜곡하는 결과를 초래하기 때문에 결코 바람직하지 않다. 이러한 시장경제질서의 왜곡현상은 이미 우리 경제 곳곳에서 현실로 드러나고 있다.

벤처기업의 활성화는 기업가의 능동적 활동을 통해 이루어지는 것이지 타율적인 특혜 지원을 통해 달성되는 것이 아니다. 벤처기업이 활성화하기 위해서는 기업활동의 자율성을 최대한 확보해 주는 것이 관건이다. 벤처지원을 위한 보약이 벤처기업의 내성을 떨어뜨리는 독약이 되어서는 안 된다.

정부와 지방자치단체가 할 일은 기업을 제도적 잣대로 구별하지 않고 모든 경제주체가 최대한 자유롭게 경제활동을 할 수 있도록 판을 깔아 주는 것이다. 이를 위해 첫째, 철저한 자유경쟁적 경제정책을 실시해야 한다. 각종 행정규제를 대폭 철폐하고, 내외적 경쟁제한요소를 타파하며, 모든 분야에서 기업의 진입장벽을 제거하는 것이 그들이 할 일이다.

둘째, 벤처기업에 직접 사업자금을 지원하는 방식보다는 창업투자회사 등 벤처 캐피털 회사가 객관적 기업평가를 기초로 그들의 책임하에 유망한 신규 및 기존의 중소기업에게 투·융자하도록 하는 것이 더 바람직하다. 산업정보망 구축을 비롯한 정보화 기반 조성 등 투명하고 공정한 경제하부구조와 질서체계를 구축하는 데 정책적 관심을 기울이는 것이 우리 경제의 근본적인 과제이다.

역설적이지만 벤처기업을 특별지원 하지 않는 것이 벤처와 비벤처 모두를 살리는 길이 될 수 있으며 정책담당자도 기업가도 투자자도 벤처지존의 고정관념을 깨는 것이 우리 경제가 장기적으로 살아남는 길임을 뒤집어 생각해 볼 필요가 있다.

'재래시장 죽이기' 프로젝트

1988년도 유통시장 3단계 개방계획 발표 및 1996년도 유통시장 전면 개방, 그리고 1997년도에 점포수 및 매장면적 제한이 철폐되었다. 이에 따라 다국적 자본의 유통업체 국내진출 확대와 국내 대기업의 유통산업 진입이 활발하게 이루어지고 있으며, 이들은 현대적 시설과 정보망을 갖추고 있어 재래시장을 위협하고 있다. 이와 더불어 홈쇼핑 등 신업태 등장과 인터넷을 활용한 전자상거래의 확산 등 유통산업이 크게 변화하고 있다.

소득수준의 향상, 자유시간의 증대, 다양한 소비자 욕구, 개성적 가치추구에 의한 소비자 라이프스타일(Life – Style)의 변화로 기존 재래시장에서 추구하던 저가제품에 대한 선호도 감소, 소량구매에서 대량구매로 구매형태가 바뀌고 있다. 또한 여가를 보낼 수 있는 문화공간으로서의 시장에 대한 고객욕구가 증대되고 있어 이러한 변화가 재래시장을 위협하는 압박요인이 되고 있다. 반면 재래시장은 시설 노후로 도시 미관을 저해하고, 주차공간 부족, 경영 및 서비스 체계의 한계 등으로 고객이 점차 감소하면서 상권위축이 심화되고 있다.

하지만 재래시장은 과거부터 지역 주민의 전통문화와 정서가 담긴 곳으로 일괄종합구매, 도시시민과 가까이하는 입지적 특성, 영세상인의 고용기회 제공, 서민층의 저가 상품구매 기회제공 등 지역경제 측면과 사회문화적인 측면에서 다양한 기능과 역할을 수행하여 왔다. 이런 점 때문에 재래시장은 그 존재가치가 있는 것이다.

지방자치제 실시 이후, 각 지방자치단체는 재래시장이 가지는 이러한 중요성을 인식하고 지역 서민층의 생활 안정 및 지역 경제의 균형 있는 발전을 도모하기 위해 재래시장활성화 방안에 대하여 다양한 연구와 노력을 기울이고 있다. 그러나 기존의 방법들이 소비행태나 인식도에 관한 심층적인 분석이 미흡한 채 주로 재래시장의 물리적 환경개선에 치우치고 있어 재래시장 고유의 모습을 잃는 것은 물론 오히려 퇴보가 가속화될 수 있다는 우려가 제기되고 있다.

정부도 「재래시장 육성을 위한 특별법(2004)」을 제정하여 재래시장의 활성화 지원 정책을 펴고 있으나 이 또한 기존의 범주에서 크게 벗어나지 못하고 있다.

재건축·재개발 위주의 정책은 지주와 상인의 이익을 대변할 뿐 결과적으로 전통시장을 사라지게 할 위험성이 크다. 고층으로 지을 경우 임대료가 올라 기존 영세상인들이 쉽게 입점하기 어려워지고 고급품목 위주의 상가로 변하게 될 것이며 특성 없는 현대화도 대형 쇼핑센터의 겉모습만 본떠 차별화되지 못하는 약점을 가지고 있다. 영세상인들은 자연스레 재래시장에서 내몰리는 현상이 나타나게 될 것이다. 결국 이와 같은 방식의 재래시장 활성화 대책은 '재래시장 죽이기 프로젝트'가 될 것이 자명하다.

　따라서 재래시장 활성화와 현대화는 재래시장만이 지닌 특성을 살리는 방향으로 추진돼야 한다. 소비트렌드 변화의 거대한 흐름에 무작정 맞선다면 게임이 되지 않는다. 현실을 솔직히 인정하고 틈새를 찾아야 한다. 재래시장 활성화는 시장을 살리려는 상인들의 의지가 가장 중요하며 지방자치단체의 활성화 정책도 재래시장이 가지고 있는 '사람이 살아가는 맛'을 유지시키는 것이 중요하다. 재래시장 활성화는 다양한 전통문화 축제를 통한 '삶의 장소'로서의 기능을 회복 유지시키는 것이 올바른 방향이다. 사람 사는 모습과 그 맛을 느끼지 못하는 재래시장은 이미 재래시장이 아니기 때문이다. 그건 '짝퉁 현대시장'일 뿐이다.

공공시설 건립, 숫자보다 시설 간 기능 연계에 초점을 맞춰야

민선 지방자치시대가 시작되면서 각종 공공시설이 무분별할 정도로 건립되고 있다는 우려의 목소리가 높다. 감사원과 언론보도에 따르면 지방자치단체들끼리 경쟁이나 하듯 대규모 호화 청사는 물론 세 과시용 시설 건립에 나서고 있어 나중에야 어떻게 되든 내 임기 중에 치적 쌓기라는 비판을 받고 있다.

그동안 지방자치단체들은 장기적 재정수요에 대한 충분한 고려나 유사중복 시설 간의 기능성 연계 및 강화, 시설의 성과예측과 평가에 소홀한 채 청사, 복지관, 수련관, 체육관, 체육시설 등 공공시설을 건립해 왔다. 그 결과 공공시설 인프라는 확충되었지만 막대한 운영 및 유지관리비가 소요됨에 따라 가뜩이나 부족한 재정운용에 심각한 압박요인으로 작용하는 부작용에 직면하고 있다. 더구나 자치단체끼리는 물론 자치단체 안에서도 유사한 시설이 중복·난립되어 투자낭비, 기능중복, 효과저감, 재정압박의 4대 악순환이 앞으로 지속될 것으로 예상되고 있다.

지방자치 실시 이후 선심성 공공시설 공급으로 인하여 시설의 지역별 집중과 부족, 기능별 중복과 서비스 소외 등 공공서비스의 왜곡현상마저 초래되고 있다. 물론 해당 분야의 지표상으로 보면 공공시설이 수요에 비해 부족하기 때문에 추가 건립이 필요하다는 논리가 맞을 수도 있다. 그러나 이제는 공공시설 부족 문제를 시설의 숫자를 늘려 해소하려는 1차원적 정책 대응에서 탈피해야 한다. 분야별로 부족한 공공시설은 꼭 필요한 시설을 제외하고는 굳이 막대한 예산을 들여 건립하지 않더라도 기존 시설의 기능 재설정, 유사 시설 간의 연계성 강화, 지역 시설 간의 네트워킹 등 저비용·고효율의 해결방안이 얼마든지 있다.

공공시설은 숫자 부족이 문제가 아니라 기능중복과 활용성이 낮다는 데 더 큰 심각성이 있다. 공공시설끼리의 서비스 중복은 공공자원의 효율적 활용이라는 점에서도 문제다. 공공시설 중복 문제는 부문 간의 유기적 연계나 종합적 검토가 부족한 채 자기 영역만의 단순 지표로 시설건립에 나서고 있는 것이 주된 원인이다. 또한 지어만 놓으면 된다는 식으로 설립 후 운영과 성과에 대한 적절한 평가와 환류가 제대로 이행되지 않고 있기 때문이다. 각 시설 운영자 책임자와 시스템 전반에 걸친 이러한 평가를 바탕으로 서비스 내용을 과감하게 조정하고 기능적 연계를 강화하려는 보다 열정적인 노력이 필요하다.

이제 공공시설의 건립은 지방자치단체장의 치적 쌓기나 부문별 단순 지표를 통한 단세포적 타당성 검토를 넘어 기존 시설의 유기적 연계 및 활용방안 검토, 지방자치단체 간 복합시설의 건립과 활용에

초점이 맞춰져야 한다. 즉 재정상황과 시설 간 연계성 강화 등이 강
조되도록 전환되어야 한다. 또한 공급자 중심의 호화판 대형건물보
다는 수요자 중심의 중소형, 생활근접형, 지역 및 기능복합형 건물
의 건립 쪽으로 방향 전환이 시급하다.

지방재정 운용의 제1가치기준

경제상황의 여파로 경기도 내 시군의 3분의 1가량이 지난해 지방세 징수목표액을 달성하지 못했고 재정자립도는 시 평균 56.3%, 군 평균 30.8%에 불과해 지방재정에 빨간불이 켜졌다. 전국 지방자치단체의 재정자립도 역시 1997년 평균 63.0%에서 2008년에는 53.9%로 낮아져 중앙정부 의존도가 심화되었고 인건비와 시설운영비 등 고정 예산 외에 실제로 쓸 수 있는 가용재원은 전국 평균 20~30%밖에 되지 않는 실정이다.

그런데 지방재정이 직면한 어려움은 경제상황 때문만이 아니라는 점에 주목할 필요가 있다. 그동안의 여러 가지 사실에 비추어 볼 때 지방자치 실시 이후 심화된 전시 행정과 재정 낭비가 가뜩이나 어려운 지방재정을 위협하고 있기 때문이다.

일례로 지방공기업의 경우, 1980년에 59개에 불과했으나 지방자치제 실시 이후 2008년 8월 말에는 378개로 증가했다. 가장 큰 문제는 이들 지방 공기업의 상당수가 부실 판정을 받고 있다는 것이다.

2007년 기준으로 지방 공기업의 40%가량인 150개 공기업이 당기순손실을 냈고 이 중 91개는 3년 이상 적자를 내고 있다. 지방 공기업의 적자 누적과 부채는 지방자치단체의 재정 건전성을 위협하고 있다.

또한, 이미 여러 차례 문제점이 지적되기도 했지만 최근 공무원노조가 조사한 바에 따르면 지방자치단체들이 2007년과 2008년 두 해 동안 각종 상을 받기 위해 약 47억 원을 지출한 것으로 나타났다. 자치단체별로 많게는 수억에 이르는 예산을 지역발전이나 주민복지와는 관련이 없는 겉치레용 상을 받기 위한 응모비, 광고비 등에 낭비한 셈이다.

한편, 그동안 일부 지방자치단체장들은 경쟁하듯이 치적 쌓기용 공공시설을 건립해 왔다. 그 결과 시설 운영과 유지관리에 막대한 비용이 소요되어 가뜩이나 어려운 지방 재정이 심각한 위협을 받고 있다. 앞으로 유사 시설의 중복·난립으로 인한 투자낭비, 기능중복, 재정압박의 악순환이 지속된다면 지방자치단체는 장기적인 재정 빈곤의 블랙홀에 빠지게 될 수 있다.

지방자치단체의 부적절한 재정운용 행태로 인해 초래되는 어려운 재정상황은 고스란히 주민의 부담으로 돌아가게 된다. 스스로의 자각과 혁신적 개선 노력 없이는 타파하기도 어렵다. 그래서 적절한 감시와 통제 시스템이 필요하다.

따라서 운영이 부실한 지방공기업에 대한 정비는 더 이상 늦출 수가 없다. 최근 정부도 지방공기업을 대상으로 경영진단을 실시하고 그 결과에 따라 통·폐합, 사업축소 등 경영효율화 추진에 나섰다. 그러나 이것도 문제를 개선하는 대증적 요법이 아니라 존립의 타당성, 시장경제와의 중복성, 가치를 창출하는 성과성 등에 초점을 맞춘 보다 근원적 차원에서 접근이 필요하다.

지방자치단체장이 임기 중에 실적을 남기려는 욕심으로 공공시설 수 늘리기에 나선다면 과잉투자와 기능중복의 문제가 파생되어 결국 지방자치단체의 건전 재정운용에 걸림돌이 될 것이다. 공공시설의 건립과 운영은 분야별로 절대 부족한 시설을 제외하고는 기존 시설의 기능 재설정과 유사 시설 간의 연계성을 강화시키는 비용절감 차원에서 접근해야 한다.

선거를 의식한 지방자치단체장의 허점을 교묘하게 이용하는 시상제도 역시 참여하지 말아야 한다. 그동안 무책임하게 후원 명의를 남발해 온 중앙부처의 관행도 고쳐야 한다. 지방자치단체도 저극적인 '불매결의'를 통해 비정상적인 시상제도를 소멸시켜야 한다. 가장 가치 있는 상은 남발되고 있는 그런 부끄러운 상들이 아니라 '주민만족'에 있기 때문이다.

위에서 언급한 세 가지 문제가 가져오는 단기적인 실적, 포장된 성과보다는 위기를 극복하면서 발휘되는 재정운용의 지혜를 통해 보다 거시적이고 미래지향적인 성과를 거두어야 한다. 경제 위기를 거치는 과정에서 도출되는 재정 문제는 지방자치단체장의 노력과 성과뿐만 아니라 지역 역량을 평가하는 중요한 준거가 될 것이다. 중앙에 예속되지 않는 지속 가능한 지방자치를 위해서는 지역사회 구성원이 함께 책임지는 참여재정과 재정건전화가 지방재정 운용에서 가장 중요한 가치기준이 되어야 한다.

'으뜸 부끄럼상' 된 지자체 각종 상들

　10월은 상(賞)의 계절이라 할 만큼 지역마다 문화상, 시민상, 공로상 등의 이름으로 수여되는 상이 후한 계절이다. 그리고 가을의 풍성함만큼이나 이 상을 둘러싸고 뒷말 또한 무성하다. 시행 초기부터 지방자치단체가 주관하는 문화상·시민상은 여러 말들이 많았다. 상 받을 자격이 없는 사람이 받았다, 자기가 자기를 추천했다, 심사위원에게 영향을 미쳤다, 실무진의 입김이 작용했다, 단체장의 뜻이 반영됐다 등등.

　시민상·문화상은 단체장이 주는 단순한 표창의 의미를 넘어서는 숭고한 상이다. 그것은 시민의 이름으로 주는 최고의 영예로운 상이기 때문이다. 따라서 이런 상은 시상제도의 취지대로 지역사회에 헌신적으로 봉사한 유공자를 찾아 시상하여 시민화합과 애향심을 높이는 데 기여해야 함이 당연하다. 이런 좋은 취지에도 불구하고 왜 때마다 뒷말이 무성한 걸까?

　여기서 우리는 이런 시상제도의 좋은 취지에 가려 혹시 우리가 간과하고 있는 문제는 없는지 몇 가지 되짚어 볼 필요가 있다.

첫째, 대상자 발굴의 문제이다. 시상주체가 얼마나 적극적으로 숨은 일꾼을 발굴하려는 노력을 기울였는지 자문해 볼 일이다. 앉아서 기다리며 마감일까지 추천된 사람만을 대상으로 심사했다면 상의 취지는 이미 반감되고 만다.

둘째, 심사위원회의 문제이다. 심사위원 선정에 특정인의 입김이 작용했는지, 관련 부서에서 조사한 기초자료만을 가지고 앉아서 통과의례로 심사를 하지는 않았는지, 몇 번에 걸쳐 현지 확인을 했는지 반문해 보자.

셋째, 수상자에 관한 문제이다. 현대사회에서는 각종 단체의 사회 참여가 두드러지며 개인도 대부분 이런 단체에 속해 활동을 한다. 따라서 표창의 대상이 되는 활동이 꼭 한 개인의 공적이라고 보기는 어려운 점이 많다. 이럴 경우 상은 개인의 몫보다는 단체의 몫으로 돌아가는 것이 타당하다. 꼭 개인에게만 상을 주려고 고집을 부릴 필요가 없다.

상이란 잘한 일을 칭찬하거나 칭송하기 위하여 주는 값진 것이다. 상금이나 부상의 물질적 가치보다 상장 안에 담긴 비물질적 가치가 훨씬 값있고 명예로운 것이다. 그래서 상을 줄 때는 일관성이 있어야 하며, 공평·타당하여 누구나 납득할 수 있어야 한다. 또한 공적의 대상이 되는 행위의 결과보다 동기와 과정 그리고 사회의 평가를 중시하여야 한다.

　　지방자치단체장이 주는 일반 표창장도 아니고 시민의 이름으로 주는 시민상·문화상은 나름대로의 가치와 존엄이 있어야 한다. 그것이 일반 상장과 똑같거나 때로는 그보다 못할 정도라면 상의 가치는 반감되고 시민의 명예도 땅에 떨어지게 된다. 이쯤이면 받는 분들에게도 이런 상들은 명예가 아니라 개인과 가문에 짐이 되는 '명예상', 시민이 비웃는 '조롱상'이 될 것이다. 좋은 취지에도 불구하고 잘못된 운영이 이런 상들을 '으뜸 부끄럼상'으로 전락시키고 있지는 않은지 반성해 볼 일이다.

도시, 껍데기 말고 알맹이를 평가해야

현행 도시평가제도, 개선이 필요하다

지방자치가 정착돼 가고 있고 노무현 참여정부의 화두는 단연 지방분권과 지역균형발전이다. 이 둘의 핵심은 단연 경쟁력이다. 그래서 최근 들어 각 도시에 대한 '삶의 질 평가', '경쟁력 평가', '지속가능성 평가' 등 다양한 방법의 도시평가가 이루어져 지방자치단체와 주민들의 많은 관심을 끌고 있다. 이미 기업처럼 지역과 지방자치단체도 경쟁력을 갖추지 않으면 살아남을 수 없다는 현실이 반영된 생존경쟁의 시대가 시작되었다.

몇 해 전인가 지방자치단체에 대한 평가와 시상을 주관한 한 평가기관이 해당 지방자치단체로부터 수백만 원씩을 행사비조로 갹출한 일로 시끄러웠던 적이 있다. 이 평가는 전국 모든 지방자치단체를 대상으로 하는 것이 아니라 평가비와 시상비 명목으로 비용을 낸 지방자치단체만을 대상으로 평가하고 시상한다는 데 문제가 있었다. 그런데 왠지 이 평가는 지금도 계속되고 있으며 그 상을 받은 지방자치단체는 길거리마다 플래카드를 요란하게 붙이고 단체장의 업적인 양 자랑하고 있다.

이전에도 학술적인 목적 등에서 도시 비교평가가 이루어지긴 했지만 아무래도 많은 관심을 불러일으킨 건 1995년과 97년 중앙일보가 전국 74개 시를 대상으로 실시한 도시평가일 것이다. 이 평가는 공원, 도로, 주택, 범죄율 등을 기준으로 각 지역의 삶의 질을 평가한 것이었다.

이 평가방법은 각 지표의 축적량(Stock)을 평가한 것이기 때문에 도시행정의 역동성을 평가하는 데는 일정한 한계가 있었으며 경제력이 앞선 지방자치단체에게 유리하게 작용했다. 그러나 지방자치가 실시된 초기에 이루어진 이 평가는 경쟁력에 대한 관심을 불러일으키기에 충분했고 주민과 지방자치단체의 분발을 촉진시키는 촉매제의 역할을 하는 좋은 계기가 되었다.

한편, 대한국토도시계획학회 등이 주관하는 '지속 가능한 도시 대상'은 이 같은 단점을 보완해 살기 좋은 여건을 만들기 위해 어떻게 노력했고 얼마나 성취했나를 평가한 것이다. 환경, 참여, 교통, 문화 등 6개 지표는 21세기의 바람직한 도시상(都市像)의 척도가 되는 것들이다. 따라서 우수 평가를 받은 지방자치단체들이 반드시 현재 살기 좋은 도시라기보다 미래 세대가 보다 나은 환경에서 살 수 있도록 열심히 노력하는 도시라는 의미로서 기존의 '삶의 질 평가'보다는 진일보한 것이라고 할 수 있다.

미국의 유명한 경제잡지 『포춘(FORTUNE)』은 지난 1989년부터 '가장 사업하기 좋은 10대 도시(Best cities for business)' 순위를 매년 발표하고 있다. 댈러스, 새너제이, 오스틴 등이 매번 상위를 차지하고 있으며 이 평가는 미국 내 도시 간 선의의 경쟁을 불러일으키는 파급효과를 낳고 있다.

우리나라도 올해 처음으로 전국 광역자치단체 및 인구 20만 이상의 기초자치단체를 대상으로 '기업하기 좋은 지역 대상'을 시상하였다. 이 상은 산업기반, 기업 지원여건 등의 항목에 대한 평가와 기업을 대상으로 한 설문조사 결과를 바탕으로 이루어졌으며 수도권의 안산, 안양이 전국 1위, 5위를 차지하는 영광을 누렸다.

한편, 최근 미국의 재테크잡지 『머니(MONEY)』가 미국 도시 3백 곳을 대상으로 살기 좋은 도시 순위를 발표한 결과에 따르면, 1위로 위스콘신 주 매디슨이 꼽혔다. 인구 40만의 매디슨이 1위로 꼽힌 것은 '다양한 취업기회가 주어지는 활력 있는 경제, 건강보호와 문화생활, 낮은 범죄율' 등에서 앞섰기 때문이라는 분석이다. 우리는 이 해석에 주의를 기울일 필요가 있다. 살기 좋은 곳은 결국 일자리를 만들어 내는 기업하기 좋은 곳, 건강과 문화생활을 향유할 수 있는 곳, 범죄와 재난 등 위험으로부터 안전한 곳이라는 말이다.

이런 의미에서 우리는 국내외의 여러 가지 평가를 통해 도시가 가진 두 얼굴에 주목할 필요가 있다. 물론 인구가 20만 이하라서 이번 평가대상은 아니었지만, 그동안 여러 가지 평가에서 상위를 차지하고 있는 과천의 경우, 과연 기업하기에 좋은 곳일까? 시민들은 기업이 입지하는 것을 환영할까? 기업에게 제공할 부지가 과연 충분한가? 대답은 선뜻 '예'라고 나올 수 없는 실정이다.

기업하기 좋은 곳 1위에 선정된 안산의 경우도 사실 환경문제에서 자랑스러운 위치에 있다고 나설 수 없는 입장이다. 안산에 이어 전국 5위, 수도권 2위를 차지한 안양의 경우도 밤에는 소음이 54dB로 전국에서 가장 시끄러운 곳 중의 하나라는 오명을 얻었다.

진정 살기 좋은 곳이라면 어느 한 분야만 반짝하고 앞서는 것이 아니라 우리 몸의 영양분처럼 어느 한 분야에 편중되지 않고 고루 잘 갖추어져야 하는 것이 필요하다. 기업하기 좋은 곳이 살기도 좋고, 범죄와 재난으로부터 안전하고, 공해도 없고, 시끄럽지도 않고, 현재만 반짝하는 것이 아니라 우리 후손들까지도 보다 나은 환경에서 살 수 있는 그런 도시여야 한다.

일반적으로 도시경쟁력 등 한 평가에서 앞서는 도시는 다른 분야에서도 높은 수준을 차지하는 상관관계가 있음이 여러 평가를 통해 발견할 수 있다. 그러나 한 분야에서는 앞서더라도 다른 분야에서는 뒤처지는 도시의 두 얼굴에 우리는 유의할 필요가 있다. 바꾸어 말하면 그것은 잘못된 정책방향이나 노력의 부족이 빚어낸 도시의 기형적 모습이기 때문이다.

여기서 우리는 앞으로 도시에 대한 각종 평가에서 추가해야 할 지

표의 필요성을 느끼게 된다. 그것은 자연환경이나, 자발적 노력이
아닌 외부의 조건에 의해 살기 좋은 곳이 된 곳과 비록 열악한 조건
이지만 주민과 지방자치단체의 피땀 어린 노력으로 한 단계라도 더
높이려는 노력을 게을리하지 않는 도시의 평가를 분명히 구별해야
한다는 것이다. 사실 각종 도시평가에서 상위를 차지하는 지역 중에
는 해당 지방자치단체의 자발적인 노력으로 이룩한 것보다는 국가
의 대규모 프로젝트로 인해 얻어진 '반사적 이익'의 결과로 어부지
리의 평가를 받고 있는 경우가 상당수 있다.

요즘은 학교에서도 한 과목에서 전보다 나은 성적을 거두면 '진보
상'을 준다. 우리의 도시평가도 이런 식으로 하는 것이 바람직하다.
태생적으로 지역의 기본적 여건이 열악한 곳과 반사적 이익으로 풍
요로움을 누리고 있는 도시 간의 서열식 평가는 더 이상 의미가 없
다. 오히려 열악한 기반을 가진 지역의 의욕만 꺾는 것이고 그 주민
들의 아픈 상처만 덧나게 하는 결과를 가져온다면 평가 자체가 무의
미하다.

오늘의 도시가 있기까지 누가, 어떻게, 얼마나 노력을 기울였는지
를 중점적으로 평가해야 한다. 비록 현재는 다른 도시들에 비해 낮
은 수준에 있지만 주민 모두가 새로운 미래를 창조하기 위해 쉼 없
이 노력하고 있는 그 역동성을 평가해야 한다.

도시평가의 가장 기본이 되는 목적은 등급을 매겨 상을 주자는 것
이 아니라 지역발전을 위한 자극동기를 부여함으로써 모두가 잘사

는 삶의 터전을 만드는 데 있는 것이다. 도시평가의 일면만 보고 일희일비할 것이 아니다. 도시가 가진 '빛과 그늘'을 함께 보는 지혜가 필요하다.

지방자치단체도 도시의 밝은 빛만을 자랑할 것이 아니라 그 빛에 가려진 그늘을 밝게 하는 데 정책적 노력을 기울여야 한다. 그러기 위해 이제 도시에 대한 평가방식과 기법도 평가의 기본취지에 맞도록 보완되어야 한다.

행정평가제도의 일탈(逸脫)과 악용(惡用), 개선이 시급하다

정부는 지난 2001년 「정부업무의평가등에관한기본법」을 제정하여 중앙부처와 지방자치단체의 업무에 대한 평가체제를 확립하였다. 물론 이전에도 「정부업무의심사평가및조정에관한규정」이 있었으나 보다 더 체계적이고 강화된 정책평가 시스템을 통하여 고객 지상주의(至上主義)의 행정서비스 시대에 부응하였다는 데 그 의의가 있다.

'정부업무 평가'는 정부업무의 추진현황 및 집행성과를 분석·평가하여 그 결과를 집행과정 및 향후 사업계획 수립에 반영함으로써 정부업무 추진의 효율성 제고와 책임성 확보를 목적으로 한다. 현재 국무총리실 정책평가위원회 주관으로 43개 중앙행정기관과 16개 광역자치단체, 232개 기초자치단체를 대상으로 주요 정책과제, 기관역량, 국민만족도 등 크게 세 가지 분야에서 접근하는 평가방법을 사용하고 있다.

평가는 기획의 한 과정으로 이해할 수 있다. 평가된 결과분석을 바탕으로 기획의 수정을 통해 행정이 의도하는 목적을 달성하는 중요한 수단이기 때문이다. 그렇기 때문에 그 평가는 형식의 차원을 넘어서 실질적이어야 하며 행여 '어떤 의도'가 개입되어서도 안 되고 객관성과 과학성을 지녀야 한다.

이제 민선 지방자치를 실시한 지 15년이 경과했다. 초기와는 달리 지방자치도 어느 정도 성숙기에 들어서고 있으며 최근 여러 평가 주체들에 의해 지방자치단체의 정책과 공간에 대한 다양한 평가가 이루어지고 있다. 지방자치단체 평가 관련 부서 공무원의 말대로 '정신 차릴 수 없을 정도로' 꼬리를 무는 평가가 시행되고 있으며 이런 과정에서 적지 않은 문제점과 부작용을 낳고 있는 것도 사실이다.

이러한 문제의 이면에는 차기 선거와 유권자의 표를 의식한 지방자치단체장의 수상 의욕과 일부 평가주체의 이익추구가 묵시적으로 담합하는 '검은 고리'가 숨어 있다. 이런 경우 그 평가는 준비 단계부터 진행과정 그리고 결과 모두가 지방자치단체장의 업적 과시를 위한 정치적 목적으로 악용되고, 평가주체는 후속 용역수주를 위한 연결고리로 활용하여 평가를 '진상(珍賞)'하는 일탈행위를 버젓이 저지르고 있다.

실제로 필자가 업무 관계로 전국 지방자치단체를 방문하는 일이 많은데 지방자치단체의 청사 벽면에 평가 결과 최우수 시·군으로 선정됐다는 플래카드가 왜 그리 많이 붙어 있는지 당혹할 정도다. 그것도 대부분 같은 평가 주체가 선정한 상인데, 다른 지역을 다녀 보지 않는 주민들은 자기들만 상을 받은 줄 알고 있을 생각을 하면 그 내막을 아는 나로서는 왠지 씁쓸해진다. 이렇듯 주민을 선동하는 정치적 수단으로 악용되는 사례도 적지 않고 평가 준비 과정과 사후 용역 발주를 은근히 강요받는 지방자치단체 공무원들은 스트레스를 호소하고 있다.

물론, 이러한 부작용에도 불구하고 지방자치단체의 정책에 대한 평가의 효용성을 부정할 논거는 약하다. 평가는 지방자치단체의 행정 효율성과 개선을 위해 실시하는 것이기 때문이다. 그것은 행정이라는 서비스 자체가 갖는 고객지향성과 행정이 갖는 평가의 필수적 요구, 사회 환경의 변화에 따른 정보변동을 반영한 진로수정, 주민의식의 향상으로 비롯된 행정 참여 확대 등 당위적인 가치가 너무 많기 때문이다.

문제는 이러한 본질적 가치에도 불구하고 일부 평가가 지방자치단체에게 업무적 하중과 재정 및 예산의 압박, 주민선동의 정치적 수단으로 악용되는 사례가 있다는 점이다. 따라서 앞으로 지방자치단체에 대한 평가는 지방자치단체의 행·재정적 부담을 줄이는 방향으로 개선되어야 한다. 평가주체도 평가를 위한 지나친 자료요구를 지양하고 가급적 구축된 기존자료를 활용하며 객관적인 평가지표의 개발과 궁극적으로 평가결과가 단발적인 평가 그 자체에 그치지 않고 행정 혁신과 지역발전, 주민 삶의 질 향상으로 이어질 수 있는 적용 시스템을 구축하는 노력이 필요하다.

지방자치단체도 난립하고 있는 평가에 대한 선별과 대응이 필요하다. 공공성을 빙자한 유사 평가기관의 평가는 단호하게 거절하는 용기를 가져야 한다. 시민사회단체도 평가주체에게 평가와 관련된 자료를 요구하고 절차와 결과에 대한 철저한 검증을 실시해야 한다. 그렇게 함으로써 유사 평가기관의 일탈을 차단하고 지방자치단체장이 평가를 정치적으로 이용하지 못하도록 제어하는 역할을 해야 한다.

행정서비스헌장제, 이대로 좋은가?

대통령 훈령 제70호에 따라 각급 정부기관과 지방자치단체가 행정
서비스헌장을 도입 시행하고 있다. 행정서비스헌장은 OECD국가를 중
심으로 정부개혁정책의 일환에서 시작되었는데 미국은 '정부재창조:
Customer Service Standards', 영국은 'Next Steps: Citizen's Charter'라는
이름을 사용하고 있다.

행정서비스헌장은 국민이 세금을 낸 대가로 행정서비스를 받는다는
'국민과의 계약'이라는 점에서 출발하고 있다. 즉 행정서비스헌장은
공공기관이 해야 할 의무조항과 국민이 누릴 권리를 동시에 명시하고
있으며 행정기관이 제공할 서비스의 수준을 규정하여 불이행 시 국민
이 시정 요구할 수 있도록 하였다.

결국 행정서비스헌장은 종전에 묵시적 계약하에서 시민들이 가지고
있던 권리를 명시화함으로써 권리보장을 강화한 것이라 볼 수 있다.

영국은 1991년에 시민헌장(citizen charter)제를 도입 운영하고 있다.

당시 John Major 총리가 도입한 시민헌장제는 네 개의 주제(theme)와 일곱 개의 원칙에 따라 추진되었다. 행정서비스 헌장 전면에 내세운 이념적 지향점인 '주제'는 품질(quality), 선택(choice), 기준(standards), 가치(value)이며 이러한 주제를 보다 구체화하여 실천지침으로 제시한 공공서비스의 '원칙'은 기준(standards), 개방성(openness), 정보(information), 선택(choice), 비차별성(non − discrimination), 접근 가능성(accessibility), 반응성(responsiveness)이다.

우리가 도입한 행정서비스헌장도 바로 이러한 철학적 기초에서 출발하고 있다. 이 제도 시행으로 고객위주의 행정서비스 체계를 구축함으로써 행정의 투명성 확보 및 주민만족도 향상에 기여하고 나아가 행정서비스에 대한 공무원의 관심 및 마인드 제고라는 긍정적 효과를 거두는 계기가 될 것으로 판단된다.

이러한 점에서 볼 때, 우리 행정서비스헌장제는 몇 가지 개선할 점이 있다. 첫째, 주민의 권리 명시와 보장을 위해서는 주민의견 반영이 필수적이지만 대부분의 경우 시간에 쫓겨 주민 의견조사를 생략하거나 또는 형식적 절차를 거쳐 제정함으로써 헌장제정의 합리성을 결여하고 있다.

둘째, 행정개혁 차원에서 추진하는 품질혁신운동임에도 불구하고 행정기관의 편의성 차원에서 제시한 수준에 지나지 않아 주민의 기대에 부합하지 못하고 있다.

셋째, 주민들이 권리행사를 쉽게 할 수 있도록 그 내용이 구체적·계량적이어야 하지만 아직 추상적·선언적 내용에 그치고 있어 실효성 및 실천의지에 의문이 제기되고 있다. 마지막으로 주민의 권리구제를 위한 보상방법이 미흡하다는 점을 지적할 수 있다.

그러나 이러한 문제점에도 불구하고 행정서비스헌장제가 시행됨으로써 행정이 공무원 중심에서 고객중심으로 전환되고 주민만족도 향상에 기여하는 전기를 마련했다는 점에서 의의를 찾을 수 있다. 따라서 행정서비스헌장이 그 취지대로 정부개혁과 행정서비스 품질 향상, 주민권리보장이라는 세 마리 토끼를 잡으려면 이러한 문제점에 대하여 지속적으로 보완이 이루어져야 할 것이다.

제3부

시민참여가 성공과 실패를 결정한다

성난 시민의 '목소리(voice)'와 '퇴장(exit)'

힘없는 시민들은 대개 주어진 상황을 어쩔 수 없는 운명이나 재수로 받아들이고 살아간다. 그러나 한편 사람들은 자기가 속한 조직이나 사회의 불공정·반인권·비민주 같은 문제점을 고치기 위하여 많은 노력을 기울여 오고 있다. 시민운동이 활발히 전개되고 있는 것도 결국은 우리 사회에서 빼앗기거나 무시당한 시민의 권리, 즉 제 몫을 찾자는 의지의 발로이기 때문이다.

사회 구성원들의 이러한 움지임은 때로는 평화저인 방법으로 나타나기도 하고 때로는 실력행사라는 수단을 사용하기도 한다. 일찍이 '저항권(抵抗權)'의 개념을 내세운 로크(J. Rocke)는 '정부'란 시민의 재산권을 보호·증진하기 위하여 필요한 제도이지, 그 자체가 절대적 권력을 갖는 것이 아니라고 주장하였다. 따라서 만일 잘못된 지도자 때문에 시민에게 위임받은 책임을 다하지 못하고 오히려 시민의 권리를 무시하거나 억압할 때 시민들은 극단적인 방법을 사용해서라도 정부를 바꿀 권리가 있다고 인정한 바 있다.

한편 허쉬만(Hirschman)은 시민들에게 '주장(voice)과 퇴장(exit)'의 선택권을 부여한다. 사람들은 현 체제에 만족하지 않을 때 자신의 의사를 두 가지 형태로 나타낸다. 하나는 '앞으로 나아지겠지'라는 기대를 가지고 체제의 틀 안에서 불만을 표시하기도 하고, 힘을 모아 개선하려는 노력을 기울이게 된다. 다른 하나는 현 체제를 버리고 다른 체제로 옮겨가 버리는 방법이다. 앞의 것을 흔히 '주장'이라 하고 뒤의 것을 '퇴장'이라고 부른다. 퇴장의 극단적인 형태로 나타나는 결과가 '탈퇴나 이사'이다.

허쉬만의 이론을 지방자치에 적용하여 보자. '주장'이란 다양한 경로를 통해 자신의 의견과 요구를 지방정부와 지방의회에 자유롭게 표시하는 것을 말한다. '퇴장'이란 단체장과 지방의원들이 시민의 의견과 요구를 제대로 반영하지 않을 경우 다음 선거에서 지지를 철회하는 것이라고 할 수 있다. 이것은 그가 말한 대로 체제를 떠난다는 소극적 개념에서 더 나가 '쫓아낸다'는 적극적 개념으로의 변화를 의미한다. 이렇게 보면 시민들에게 '주장'과 '퇴장'의 선택권을 동시에 부여하는 지방자치제도는 자치단체장과 지방의회에게 시민 의사에 대한 반응성과 책임성을 높임으로써 민주주의의 이념을 구현하는 데 이바지한다고 할 수 있다.

요즘 사회적으로 이슈가 되고 있는 지역의 문제들은 복합적 현상으로서 단체장의 독선이라는 개인적 특성과 한 지역에 시민이 선택할 수 있는 자치단체가 오직 하나뿐이라는 '자연독점성(natural monopoly)' 때문에 단체장이 시민의 목소리를 회피 또는 무시할 수 있다는 정치경제학적 특성에서 비롯된 것이라고 할 수 있다. 그러나 '주장과 퇴장'의 선택권을 적절히 활용하여 대응한다면 시민들의 요구를 외면하는 단체장과 지방의원들이 자신의 지위를 계속 유지하기란 불가능하다. 그 결과 시민의 목소리에 대한 지역정치인들의 반응성과 책임성이 높아지게 되고 시민의, 시민에 의한, 시민을 위한 지방자치가 실현될 수 있다.

민선자치 출범 후 지역의 각종 현안을 둘러싸고 시민의 소리에 묵묵부답인 단체장에 대한 퇴진 운동을 전개하는 시민운동이 날로 거세어지고 있다. 이러한 목소리를 반영하여 정부도 지방자치단체장에 대한 '주민소환제'를 도입했다. 그런데 자세히 들여다보면 단체장 퇴진 운동이나 반대여론이 일고 있는 곳에는 한 가지 공통점이 있다는 지적이다. 그런 곳에는 자치단체장이 "나보다 더 나은 사람 있으면 나와 보라고 그래"라거나 "너희는 떠들어라. 나는 내 길을 간다"라는 식의 우월감과 독선, 아집을 가지고 있다는 것이다. 그래서 정치학·행정학 이론에서는 물론이고 경험적으로 볼 때 시회는 단체장과 지방의원 등 지역정치인들에게 필요한 리더십 덕목으로 능력, 학력, 경력보다 갈등의 조정력, 계층의 화합력, 보다 큰 것을 보는 통찰력을 더욱 중요하게 요구하고 있는지 모른다. 이런 지역정치인들에 대한 시민의 반응이 '목소리(voice)'에 그칠지 '퇴장(exit)'으로 이어질지 그것은 전적으로 그들의 태도에 달려 있다. "절이 싫은 사람이 떠나라"라는 식으로 대응할지 모르지만 시민이 퇴장한 지방자치는 결국 관객 없는 광대들의 무대가 될 것이고 그런 자치단체는 정치적 파산선고를 받아야 마땅하다.

'지방자치헌장' 제정의 의미

2001년은 1961년 군사정권에 의해 30년간 중단됐던 지방의회가 지난 1991년 부활하여 열 돌을 맞는 뜻 깊은 해이다. 지방의회가 주는 의미는 주민대표에 의한 시정의 감시, 견제를 통하여 주민이 비로소 시정의 주인이 되는 시대를 맞이하게 된다는 것이다. 사실 지방의회가 탄생하기 전까지 주민은 단지 피동적인 행정의 동원대상자, 수혜자에 불과했다.

이런 와중에서 행정은 주민의 뜻을 무시하거나 반영하지 않고, 중앙의 잣대와 관료의 자의적인 기준과 해석에 따라 집행되어 왔으며 따라서 우리나라 지방행정은 '지방'도 없고 '주민'도 없는 껍데기 행정, 중앙행정의 지역출장소 역할에 그쳐 왔던 것이 솔직한 실정이었다.

지난 91년에 부활한 지방의회는 바로 이러한 기존의 잣대와 관행에 대한 거부요, 잃어 버린 주민의 권리에 대한 회복선언이었던 것이다. 그것은 민주주의라는 의미를 잘 축약한 것으로 유명한 링컨의 '게티즈버그(Gettysburg) 연설'처럼 '주민의, 주민에 의한, 주민을 위한 정치를 지상에서 소멸하지 않도록 하는 것', 곧 주민이 시정의 주인이 되는 지방자치시대가 도래했음을 알리는 신호탄이었던 것이다.

한편, 그해 3월 22일 청주 예술의 전당에서는 전국 35개 시민단체와 20여 명의 학자 · 전문가 등이 모인 뜻 깊은 행사가 열렸다. 이날 모임은 최근 지방자치의 숭고한 취지를 훼손하려는 일부 몰지각한 국회의원을 비롯한 정치권과 행정자치부를 비롯한 중앙부처의 불순한 의도를 경계하고 올바른 지방자치의 의미를 되살리기 위해 올 초 구성한 「자치헌장 제정을 위한 시민사회 네트워크」가 그동안 연구 · 준비해 온 「지방자치헌장」을 선포하는 자리였다.

「지방자치헌장」은 전문과 총 9조의 조문으로 구성되어 있다. 이 헌장은 주민자치의 원칙, 주민의 권리와 의무, 중앙정부와 지방정부의 상호관계, 중앙정부와 지방정부의 책무, 지방자치단체장과 지방의회의원의 책무, 시민사회와 지방자치단체의 저항권, 연대행동 등에 대하여 선언하고 있다.

이것은 우리나라의 지방자치에 관한 법체계인 헌법과 지방자치법이 규정하고 있는 포괄적 내용의 미흡함을 보완하는 선언적 의미의 헌장으로서, 비록 구속력은 없지만 지방자치에 직 · 간접으로 관여하는 중앙 · 지방정부와 단체장 · 지방의원과 시민들이 함께 지켜야 할 일종의 사회계약적 선언의 의미를 담고 있다.

이 헌장의 전문에서 선언하고 있는 것처럼, 지방자치단체장 임명

제 추진, 판교개발 일방추진 등 중앙정부의 권력집중과 정책전횡으로 지방이 소외받고 민생이 외면당하는 일이 빈발하지 않도록 21세기는 지방정부가 지역정책의 결정권을 갖고 주민의 생활문제를 해결하는 지역정치의 중심이 되어야 한다.

시민사회는 주민참여를 통해 생활중심의 정치를 실현하고, 이에 역행하는 중앙정치권과 중앙정부의 반자치적 기도를 저지하기 위해 이 헌장을 제정하게 됐다. 이는 지방이 생활의 중심이 되게 하고자 하는 시민사회의 관심과 의지의 표명이며 지방자치를 활성화시키기 위한 시민사회의 대안이다.

모쪼록 지방자치 부활을 맞아 「지방자치헌장」의 정신과 내용이 중앙정부와 지방정부, 시민사회 모두에 의해 존중되어 껍데기가 아닌 알맹이 자치, 형식이 아닌 참다운 지방자치가 꽃피는 지방시대가 도래하도록 함께 노력해야 할 것이다.

지방자치의 신(新)철의 삼각관계

지방의회가 출범한 지 거의 20년, 단체장을 우리 손으로 뽑은 지 15년째다. 짧기는 하지만 이 정도면 우리 지방자치도 지역정책 결정 과정에서 무엇이 옳고 그른지 제대로 판단하고 제 목소리를 낼 수 있어야 할 때가 되었다. 그러나 일부의 목소리는 잠시뿐이고 결국 거의 모든 정책결정이 단체장의 뜻대로 이루어지는 것이 경험상으로 본 우리 지방자치의 실정이다.

미국에는 정책이 소수를 중심으로 결정되는 엘리트론에 입각해 의회의 소위원회 – 행정부 소관부처 관료 – 이익집단 사이의 밀착된 협조(?)에 의해 정책이 이루어진다는 소위 '철의 삼각(iron triangle) 관계' 이론이 있다. 민주주의 역사만 200년이 넘는 미국에서조차 소수에게 정책결정이 독점되고 있다는 것을 말해 주는 이론이다.

우리나라 지방자치단체에서도 민선자치 이후 자치단체 – 동조세력 간에 명시적 지지나 묵시적 합의를 해 놓은 뒤 '주민의 뜻'이란 포장을 하고 정책결정과 사업집행이 이루어지는 경우가 다반사다.

동조세력은 학교 안팎에서 일정한 지위를 누리고 싶어 하는 지역대학의 어용교수, 자치단체와 관련된 사업을 하는 지방의원, 회유당한 지역언론인 경우가 대부분이다.

이렇게 단체장 - 어용학자 - 소수 동조세력들이 '책상 밑(under the table)'에서 결정한 정책이 형식적 절차를 거쳐 '책상 위(on the table)'에서 집행되는 것을 학자들은 '신철의 삼각(new iron triangle) 관계'라고 부른다. 특히 민선자치 이후 전문분야에 상관없이 늘 이 '삼각관계' 안에 끼어서 거수기 노릇을 하는 몇몇 사람들이 문제이다.

이렇게 단체장 중심의 친위세력이나 동조자들이 짠 틀에 따라 정책이 추진되다 보면 지방자치와 지역발전은 편식하는 아이들의 몸처럼 기형이 되고 저항력이 약해질 위험성이 크다. 난개발, 즉흥적 사업추진, 정실인사, 재정낭비 이런 문제들은 결국 '끼리끼리' 정책결정이 낳은 필연적 산물이다.

많은 노력에도 불구하고 인적·제도적 한계 때문에 지방의회가 정책심사와 평가 기능을 제대로 발휘하지 못하고 있는 것이 우리 지방자치의 안타까운 현실이다. 이런 틈을 이용하여 일부 단체장들은 구상하고 있는 정책을 어용학자나 친위세력을 이용하여 이슈화시키고 관제민원을 내게 하거나 공무원, 청중을 동원한 공청회 등을 열어 시민의 뜻을 수렴하는 것처럼 가장한다.

미숙한 지방자치를 틈타 등장한 '신철의 삼각관계'라는 '지방자치의 폭력조직'을 깨는 길은 다양한 분야의 인재가 모인 시민자원을 네트워크 하는 것이다. 그래서 '신철의 삼각관계'에 들어 있는 어용 학자들과 원로라는 이름을 가진 낡은 거수기 노릇을 하는 지역 인사를 솎아내 이들의 활약상(?)을 널리 알려야 한다.

장기적으로는 시민사회의 다양한 자원을 발굴해 '정책평가집단'을 만들어 감시함으로써 이들이 차지하고 있는 '썩은 자리'를 시민들에게 돌려 주어야 한다. 지방의회 20년, 이제는 의회도 이런 정책 기능을 제대로 발휘할 때이다.

죽은 의회를 살리는 네 가지 방법

지방의회가 출범한 지 스무 돌이 지나간다. 출범 당시의 우려대로 뭇매를 맞아 가면서도 지방의회는 나름대로 열심히 노력해 왔지만 의정활동에 대한 주민 만족도가 그리 높지 못한 실정이다. 이러한 낮은 평가는 지방의회가 아직까지 제 기능을 발휘하지 못하고 있다는 점을 보여 준다.

지방의회는 지방정치의 핵심기관인 동시에 지역발전을 위한 정책대안을 생산하는 중요한 위치에 있다. 이렇게 중요한 '중심체'가 아직도 '중심'을 잡지 못하고 비틀거린다는 것은 안타까운 일이 아닐 수 없다.

우리 국민들은 그동안 중앙정치가 보여 준 '할 일 없음, 하는 일 없음, 할 수 있는 일 없음'에 식상해 왔다. 어쩌면 지방의회에 대한 낮은 평가도 중앙정치에 대한 이러한 불신의 연속선 위에서 그 원인을 찾을 수 있을 것이다. 그러나 책임을 남의 탓으로만 돌리기에는 어쩐지 부끄럽다.

주민들이 지방의회를 보는 '낮은 인식 – 낮은 평가'를 '관심과 아낌'으로 바꾸려면 튀는 아이디어와 다리품을 파는 땀 흘림이 필요하다. 문만 열어 놓는다고, 회기만 채운다고 고객(주민)의 믿음을 얻을 수는 없다. 늘 반복되는 일상적인 활동만으로는 지방의회에 대한 '식은 애정'을 되살릴 수 없다. 발길을 끊은 고객이 다시 찾아오도록 91년 출범 당시의 의욕과 패기로 '네 가지 「하자」'를 해 보자.

첫째, 의원 개개인이 아닌 의회 전체 차원에서 지역민원 수렴, 지역주민과의 대화를 겸한 지역별 순회 의정보고회를 개최하자. 그래서 지금은 너무나 멀어진 의회 – 주민 간의 물리적 거리, 심리적 거리를 좀 더 가까이하자. 그러나 이 경우 형식에 치우친 의례적 행사가 되지 않도록 중 · 소규모를 유지해야 할 것이다.

둘째, 학생을 대상으로 하는 모의의회 개최, 학교별 순회 교육프로그램을 운영하고 의회와 시민단체가 공동 주최하는 '지방자치교실', '지방자치학교'와 방학을 이용한 '의회체험 캠프'를 운영하자. 그래서 지방의회가 '민주주의의 학교' 노릇을 제대로 한번 해 보자.

셋째, '대학생 · 주부 사이버 의정참여단', '사이버의정보좌관', '정책자문관' 등 부족한 정책보좌 능력과 정책대안 제시능력을 보완하는 제도를 도입하자. 그럼으로써 의회 – 시민 간 양방향의 의사소통이 원활해지고 주민의 의견을 다양하게 수렴하는 일거양득의 효과를 거둘 수 있을 것이다.

넷째, 지방의회 일정과 활동사항을 이메일을 통해 알려 주는 메일링시스템(mailing system)을 갖추자. 주민들에게 자세한 지역뉴스와 의정활동을 담은 '이메일 의정통신'을 전해 주어 의회의 활동을 떳떳이 알리고 정당하게 평가받자.

민심을 잃기는 쉬우나 그것을 얻기는 힘들다. 그러나 눈을 조금 돌려 눈높이를 주민들에게 맞추면 의외로 그 해답은 가까운 곳에 있다. 이제 지방의회도 손님이 찾아오기만을 기다리는 '상점 점원형(clerk style) 의정활동'이 아니라 소비자(주민)를 찾아 나서는 '고객지향(customer oriented)형 공격적 의정활동'을 해야 한다.

주주(주민)들이 투자한 가게(지방의회)가 언제까지 파리만 날릴 수는 없다. 가게문을 닫을 수는 없고 그렇다면 결국 점원을 갈아치울 수밖에 없다는 주주총회의에 이르게 할 것인가?

"독단, 독선, 독불"의 '3불 자치'를 견제하자

주민평가제로 단체장 전횡 막아야

미국의 『포츈(FORTUNE)지』는 지난 1989년부터 가장 사업하기 좋은 10대 도시(Best cities for business) 순위를 매년 발표하고 있다. 댈러스, 새너제이, 오스틴 등이 매번 상위를 차지하는 단골 도시이다. 일본도 'PHP연구소'가 지난 93년부터 전국의 시장과 지방신문 기자들을 대상으로 실시한 설문조사 결과를 토대로 시장랭킹을 발표하는 등 도시평가제도가 보편화되어 있다.

우리나라에서도 지방자치단체에 대하여 중앙부처가 주관하는 단위 사업실적 평가와 같은 단순 등급 매기기는 오래전부터 있었다. 그러나 전국 규모 평가는 지난 95년 중앙 모 일간지가 전국 74개 시를 대상으로 실시한 '삶의 질 입체분석'이었으며 최근에는 대한국토도시계획학회와 시민단체 등이 공동 주관하여 '지속 가능한 도시'에 대한 평가를 실시하고 있다. 이러한 조사들은 지금까지 매년 주무 부처가 해 오던 도시평가를 전문기관 중심으로 실시함으로써 조사의 공정성과 신뢰성을 높인 객관적 평가를 내린다는 데 의의가 있다.

이처럼 지방자치 실시 이후 자치단체장의 시정수행에 대한 평가가 다양하게 이루어지고 있다. 이러한 평가가 지향하는 목적은 자의적인 행정독단을 막고 장기적으로는 지방자치단체가 나아가야 할 올바른 시정의 방향을 제시하는 데 있다.

최근 필자는 한 광역자치단체의 의뢰로 산하 시·군에 대한 시정평가를 한 적이 있다. 조사결과 주민들은 공무원의 친절서비스에 대해 관선시절보다 크게 개선됐다고 높은 점수를 주고 있는 반면 민선 단체장의 시정수행에 대하여는 대체로 만족하지 않는 것으로 나타났다. 이러한 평가결과는 각종 홍보매체를 통하여 민선 단체장이 내세우고 있는 실적이나 자체평가 결과와는 상당히 차이가 있는 것이다.

지방자치단체장이 비록 민선이라고는 하지만 주민들로부터 절대권한을 위임받은 것은 아니다. 시책결정 과정에도 다양한 방법으로 주민참여가 이루어지고 있기는 하지만 아직까지는 단체장이 모든 결정을 독점하다시피 하고 있다.

그러나 이제는 그 결정과 집행과정, 결과에 대하여 시민들이 평가하고 있다는 점을 염두에 두어야 한다. 민선 단체장에 대한 주민들의 평가는 "독단·독선·독불"의 3불 자치를 제어하는 견제수단, 주민의 권익을 보호하는 방어수단의 기능을 할 수 있다.

따라서 행정시책과 지방자치단체장에 대한 평가는 잘못된 방향으로 흐르는 민선자치에 대한 주민의 감시장치라는 측면에서 단체장의 임기 전 - 중 - 후에 지속적으로 이루어져야 할 것이다.

지방자치를 위한 역설(逆說) (1)

유능한 사람을 뽑지 말자

유권자뿐만 아니라 공직을 수행하고 있는 국회의원이나 지방자치단체장이 착각하고 있는 것이 있다. 선거를 통해서 가장 유능한 사람을 뽑을 수 있다는 잘못된 기대와 선거를 통해 당선된 사람은 다른 후보나 유권자들보다 뛰어나다고 믿는 자만이 그것이다.

그들이 빠지기 쉬운 함정은 "유권자들의 지지로 당선되었는데……"라는 자만과 "내가 가장 유능하다"라는 오만이다. 그래서 남의 말엔 귀를 기울이지 않고 독선과 전횡을 일삼아 불협화음이 끊이질 않는다. 그렇게 유능하다고 자부하는 사람들로 짠 판인데 우리 정치는 왜 4류(?)라는 비판을 못 면하고 늘 뒷말이 많은 걸까?

그들은 "직원들은 근본적으로 일하기 싫어하고 주민들은 제 주장만 내세우는 무리이다. 전체를 생각하고 미래지향적 사고를 하는 사람은 나밖에 없다. 그래서 내가 모든 판단과 결정을 내려주어야 한다”라는 식으로 맥그리거(D. McGregor)가 주창한 ‘X이론’류의 낡은 인간관을 가지고 있다.

따라서 조직원의 무능함과 주민의 무지함을 깨우쳐 줄 유일한 존재는 나뿐이라는, ‘십자군사명(十字軍使命)’과 같은 일종의 심리적 몽상에 빠지기 쉽다. 지방자치단체장이 이런 도덕적 강박감에 빠지면 남의 말을 듣지 않는 것은 물론이고 그들의 능력에 대해서 믿지 못한다.

그런 지방자치단체에는 단체장 - 조직원 - 유권자 사이에 믿음이라는 연결고리가 존재하지 않는다. 그래서 그 틈은 ‘아부꾼(성은망극파)과 모리꾼(일등공신파)’들이 차지하고 그럴수록 약이 되는 쓴말을 하는 사람들과의 물리적 거리와 심리적 괴리는 더 틈이 벌려지게 된다.

우리가 선거를 통해 대표자를 뽑는 것은 가장 유능한 사람을 내세워 무지렁이 백성을 잘 가르치고 이끌어 달라는 절박감 때문이 아니라는 것은 다 아는 사실이다. 우리는 구세주나 선생님을 뽑는 것이 아니라 유권자의 다양한 욕구와 갈등을 조정 · 반영하고 우리의 가슴 아픈 이야기를 진솔하게 들어줄 카운슬러를 원하는 것이다.

그래서 필자는 국회의원과 지방자치단체장이 가장 유능한 사람일 필요가 없다고 생각한다. 좋은 학력과 경력을 가진 사람이 직무를 훌륭히 수행하리라는 상관성에 대한 기대는 이미 지난 정치사와 1,

2기 지방자치의 경험에서 무참히 깨져 버렸다.

　가장 유능한 정치인이 필요하지 않은 이유는 이미 우리 사회가 그들보다 도덕적·학문적·인간적으로 더 훌륭한 자원을 엄청나게 보유한 지식사회이기 때문이다. 우리에겐 유능한 정치인보다 사회의 이러한 자원을 잘 뽑아서 활용하는 혜안과 포용력을 가진 인간적인 사람이 필요하다. 가장 유능한 사람보다 가장 인간적인 사람을 뽑자. 정치와 지방자치라는 것은 차가운 머리로 하는 것이 아니라 뜨거운 가슴으로 하는 것이기 때문이다.

지방자치를 위한 역설(逆說) (2)

행정을 모르는 사람을 뽑자

지난 1995년, 민선 지방자치단체장을 처음 뽑는 선거에서 후보자들은 행정경험을 제1의 무기로 내세웠고 실제로 그 효험을 톡톡히 봤다.

그 당시 91년 지방의회가 불안하게 출범하고 시행착오를 일으키는 것을 지켜보면서 자치에 대한 일말의 불안감을 가지고 있던 것이 사실이다. 이러한 우려가 행정경험을 가진 전직 관료 출신들을 선택하는 분위기로 흘렀고 이어 98년 있었던 제2회 지방선거에서도 전국 232개 지방자치단체장 중 공무원 출신이 65.5%인 152명을 차지하게 되었다.

그러나 우리는 "지방자치단체장으로 어떤 인물이 좋을까?"라는 질문에 대해 생각해 볼 필요가 있다. 지난 민선 지방자치단체장의 임기를 돌아보면서 관료출신 지방자치단체장이 갖는 한계와 문제점은 없는지 되짚어 보자. 이러한 생각은 새로운 지방선거를 앞두고 과연 어떤 사람에게 우리 지역의 살림을 맡기는 것이 가장 바람직할까라는 유권자 선택권과 직결된 문제이기 때문이다.

초기 지방자치 실시 이후 앞서가는 시책으로 유명해진 곳이 경남 남해군, 전남 장성군 등이다. 이 지역이 유능한 고위 관료출신을 지방자치단체장으로 뽑았기 때문에 알려진 것은 아니다. 이들 지방자치단체장이 주민들의 전폭적인 지지를 받으며 행정개혁을 실천하고 주민편익 증진, 지역발전을 위한 각종 아이디어를 내게 된 것은 역설적으로 이들이 행정에는 문외한(?)이기 때문이다. 그래서 행정은 부단체장을 비롯한 직업 공무원들을 믿고 맡겼으며 지방자치단체장은 단지 방향을 제시해 주는 선장 노릇을 충실히 했기 때문이다.

그렇다. 행정을 잘 안다고 하는 관료출신 지방자치단체장은 규정제일주의, 교범화된 일 처리, 돌다리를 두드리는 신중함 등을 장점으로 내세우지만 오히려 이것이 약점으로 작용하고 있다. 이들의 일 처리는 빈틈없이 무난하고 합리적인 것 같지만 잘 들여다보면 생각이 경직되어 기존의 관료적 틀에서 벗어나지 못하는 관리지상주의에 안주하기 쉽다. 그래서 이런 지방자치단체에서 개혁, 혁신, 아이디어, 경쟁, 창안, 자발성과 같은 가치창조적인 단어들을 찾기란 쉽지 않다.

결론을 말하자면 지방자치는 행정이 아니고 정치여야 한다. 행정은 '관리'지만 정치는 '조정'이며 '통합'이기 때문이다. 우리가 값비

싼 비용을 치르면서 지방자치를 실시하는 것은 중앙집권시대의 관치행정과 관료제1주의 행정의 폐단과 부작용을 없애고 지역 특성에 맞는 다양한 주민본위의 지역정치를 실험하고 실현하기 위함이다.

　조직과 지역에 존재하는 다양한 목소리를 겸허하게 듣고, 슬픔과 기쁨을 함께 나누며 지역사회의 자원을 배분하는 일은 행정가가 아니라 정치가의 몫이다. 행정은 부단체장이나 공무원들에게 맡기면 된다. 그래서 지방자치단체장이 관료출신이라야 한다는 것은 설득력이 떨어진다. 관료적 사고와 틀에 얽매인 사람보다는 주민의 생각과 아픔을 이해하는 사람, 사람을 사무적으로 대하거나 주민을 업신여기지 않는 친근한 우리의 이웃 같은 그런 민선 지방자치단체장을 선택할 권리가 우리에겐 있다.

투표는 미친 짓이다(?)

'지지후보 없음'이나 '기권' 칸도 만들자

유권자들이 우롱당하고 있다. 한국의 정치판에서 지방선거는 철저하게 무시된 채, 중앙정치의 장신구(액세서리: accessory)에 지나지 않는다. 그건 지방선거 후보자 결정과정에서 또다시 드러난 우리 정치의 부끄러운 속살이다. 예측 가능성이나 후보자의 공과와 능력에 대한 판단을 할 충분한 시간을 주지 않은 채 급박하게 후보자를 결정해서 유권자에게 내놓는 것은 지방자치를 대수롭게 않게 여기고 유권자를 '졸(卒)'로 보고 있다는 비판을 면하기 어렵다.

여야를 막론하고 반복되는 이런 상황은 정당이 과학적 시스템이 결여된 채 주먹구구식으로 움직이는 비과학적 집단이라는 치부를 드러내는 것이기도 하다. 선거라는 것은 적어도 '충분한'이라는 단어가 적용돼야 하는 과정이다. 후보자로 내세울 사람에 대한 충분한 검증과정을 거치고, 유권자가 판단할 충분한 시간적 여유를 주고, 후보자 자체도 주민의 대표가 되는 데 부끄럽지 않을 충분한 자질과 지역사회 기여도를 갖추어야 한다.

그런데 지방선거 후보자 결정과정을 보면 '대충대충, 허겁지겁, 좌충우돌' 대충 이런 생각들이 떠오른다. 사회적 파렴치 행위를 저지른 행적이나 도덕적 결함, 정치적 소신 뒤집기, 대표성의 부재 등 주민대표가 될 수 없는 결함요인을 찾아내는 과학적 검증이나 여과 시스템이 가동되지 않고 있다.

합리적 선정 기준보다는 인맥과 금맥 등에 얽힌 복잡한 정치적 의도에 의해 후보자가 결정되다 보니 그 선발과정부터가 전혀 민주적, 지방적이지 못하다. 그러니 후보자들의 면면을 보면 도저히 유권자들이 납득하지 못하는 상당수가 섞여 있다. 이렇게 선출된 후보자들이 당선된다 하더라도 '중앙과 기성정치 패거리'의 틀을 벗어나 지방과 주민을 위해 소신 있게 봉사할 것을 기대하는 것은 애당초 그른 일인지도 모른다.

지방선거 후보자 선출과정의 이런 비민주성 · 비지방성 · 비자치성은 중앙정치가 아직 지방정치에 대한 충분한 이해와 애착을 갖고 있지 않다는 데서 출발한다. 좀 더 정확히 말하면 지방자치는 중앙정치를 위한 광대일 뿐이라는 생각을 버리지 못하고 있는 것이다.

이런 정당들이 우리에게 보여 주는 것은 '무기력, 무책임, 무능력, 무관심'뿐이다. 아무나 후보라고 급조해서 내세우면 어쩔 수 없이 선택할 정도로 유권자들이 꼭두각시는 아니다. "투표는 미친 짓이다"라는 자학적인 풍조가 뿌리내리기 전에 투표용지에 '지지후보 없음'이나 '기권' 칸도 만들자는 주장이 아주 얼토당토하지만은 않다.

후보자 등록일이 법정화돼 있긴 하지만 적어도 지방선거 후보자가 되려는 사람은 지역과 주민 앞에서 충분한 시간을 봉사하고 검증받아야 하는 것이 당연하다. 예측 가능성, 이것은 자유민주주의 국가를 지탱하는 기본 원리며 핵심 중에 하나다. 적어도 선거에서 이런 원칙이 지켜지지 않는다면 부동층, 무관심층, 정치혐오층이 점점 늘어날 뿐이다.

지방자치단체장에게 딴죽걸기

지방자치시대가 이전의 관선 지방행정시대와 다른 점을 하나 꼽으라면 '자치실험'이라고 할 수 있다. '자치실험'은 중앙의 잣대로 재단하고 포장한 붕어빵 행정시책을 일선 시·군이 일사불란하게 시행하던 관습과 구태에서 벗어나는 것이다. 그러나 그것은 지역의 특성과 특기를 살리는 것이되 결코 '즉흥시책'이나 '시책남발'을 의미하는 것은 아니다.

지난 지방자치 과정에서 우리는 부끄럽고 안타까운 자치정책의 실패를 줄곧 지켜봐야 했다. 지금도 지방자치단체가 내세우는 그럴싸한 시책들을 잘 들여다보면 허울뿐인 껍데기인 경우가 한둘이 아니다. 재탕 삼탕 정책은 고사하고 심지어 구체적 실행목표나 프로그램도 없이 등장하는 립 서비스(lip service) 정책도 있다.

이런 '즉흥정책'은 일단 제목만 만들어 발표되고 나서야 자료조사를 한다, 계획을 세운다 난리법석을 떤다. 아닌 밤중에 홍두깨처럼 툭툭 터져 나오는 이상한 시책들은 주민들은 물론 공무원들마저 어리둥절하게 만든다.

이런 '나 홀로 정책'이 남발되어 되풀이되고 있는 것은 주민의 의견을 무시한 독선적 밀실 정책결정이 빚어낸 결과이다. 이건 마치 집을 짓는 데 설계도 없이 나무에 문패만 걸어 놓고 집이라고 우기는 것과 같다. 그런 정책이 제대로 될 리 만무하다.

지방자치단체장의 '인스턴트 정책'은 민선 지방자치시대에 출몰한 '신어용집단(新御用集團)'에 속한 일부 학자나 전문가들이 깊은 고민 없이 뱉어내는 천박한 지식에 기초를 둔 '아부성 아이디어'와 주민을 무시하고 공무원을 불신하는 지방자치단체장의 '독선적 선민의식(選民意識)'에서 비롯된다.

실무 부서 담당자들도 제대로 이해하지 못하고 있는 즉흥적 인스턴트 정책이 뜸이 잘 든 정책에 비해 맛도 없고 영양이 덜한 것은 당연하다. 공무원들도 모르는 준비 안 된 정책이 주민에게 제대로 사랑받을 리 없다.

한 정책이 탄생하려면 현실의 문제인식에서 출발하여 주민의견 수렴, 비용편익 분석 등 비교분석 과정이 필수적이다. 그리고 선택 가능한 몇 가지 대안 중에서 최적안을 골라 실천전략을 만들어 실행하고 중간-최종평가와 환류(feed back) 등 시스템적 정책 산출 과정을 거쳐야 하는 것이 당연하다.

그런데도 민선 지방자치 이후 주민 의견수렴과 타당성 분석, 충분한 실천전략 없이 시책의 제목만 미사여구로 화장을 한 채 시책이랍시고 등장하는 것이 비일비재하다.

주민의 의견수렴과 충분한 검토와 준비 없이 쏟아져 나오는 나 홀로 정책, 인스턴트 정책은 이미 실패를 안고 시작하는 잘못된 출발이다. 결국 정책실패의 책임은 슬그머니 실무 공무원에게 전가되고 그 비용은 고스란히 주민들의 몫으로 남게 된다.

이러한 부실정책 생산을 감시하는 1차 의무는 의결권과 행정사무감사 및 조사권을 가진 지방의회에게 있다.

공무원노조도 편한 요구에만 안주할 것이 아니라 이런 엉터리 정책에 제대로 딴죽을 걸고 나서야 한다. 지방자치단체에서 선거용 '인스턴트정책'을 추방하고 제대로 '숙성된 정책'을 함께 만들어 내는 데 모두가 할 일이 많다.

도시정책결정의 독점체제는 깨져야 한다

대안 간의 자유로운 경쟁, 시민의 폭넓은 참여와 선택권이 보장돼야

지방자치단체장을 우리 손으로 직접 뽑은 지 15년이 지나고 있다. 이 정도면 우리 지방자치도 도시정책 결정 과정에서 무엇이 옳고 그른지 제대로 판단하고 검증이 필요한 때가 되었다. 그러나 아직도 도시정책 결정의 상당수가 합리적 의사결정과 검증 절차가 미흡한 채 일부의 뜻대로 좌지우지되는 현상이 비일비재한 실정이다.

정책이 소수를 중심으로 결정되는 엘리트론에 입각해 의회의 소위원회 − 행정부 소관부처 관료 − 이익집단 사이의 밀착된 협조(?)에 의해 정책이 결정된다는 소위 '철의 삼각(iron triangle) 관계' 이론이 있다. 민주주의 역사만 200년이 넘는 미국에서조차 소수에 의해서 정책결정이 독점되고 있다는 것을 말해 주는 이론인데 실상 우리의 경우도 크게 다를 바는 없다.

우리나라의 도시정책은 그 영역적 특성 때문에 대부분 전문가를 제외한 일반 시민의 접근이 상당히 제한돼 온 것이 사실이다. 그래서 아직도 도시정책 결정의 상당수가 합리적 의사결정과 검증 절차가 미흡한 채 일부의 뜻대로 좌지우지되는 현상이 비일비재한 실정이다.

그렇다면 시민의 뜻을 대신한 전문가들이 전문성을 철저히 발휘하고 정책에 대한 검증과 미래에 대한 원려(遠慮)가 가장 중요한 핵심이 되어야 한다. 그러나 아쉽게도 여러 곳에서 전문가들의 전문성이 오용(誤用)되거나 악용(惡用)되는, 즉 '전문성의 어용(御用)' 사례가 심심치 않게 발견되곤 한다.

도시정책 결정체계의 이 같은 파행은 지방자치단체와 동조세력 간에 사전에 묵시적 합의가 이루어지는 경우가 대부분이다. 그런 뒤 '전문가의 검증'과 '주민의 뜻'이란 포장을 하면 누구의 공격이라도 손쉽게 격퇴할 방어벽을 갖추게 된다.

이러한 수비벽 구축에 공헌하는 박수부대는 지방자치단체장과 친분관계가 있는 일부 자칭 전문가들과 지역 토호세력이 주류를 이루고 있다. 그 밖에도 본분과 방향감각을 상실한 지방의원, 회유당한 지역 언론인과 일부 시민사회단체의 구성원들까지 그 방계세력군(傍系勢力群)을 형성하고 있다.

이렇게 지방자치단체장과 동조세력들이 묵시적으로 사전 결정한 정책이 지극히 요식적인 절차를 거쳐 집행되는 것을 '신(新) 철의 삼각(new iron triangle) 관계'라고 부른다. 이러한 관계 아래서 지방단체장 중심의 친위세력이나 동조자들이 짠 틀에 따라 정책이 추진되다 보면 도시공간은 편식하는 아이들의 몸처럼 기형이 되고 저항력이 약해질 위험성이 크다.

이와 같은 '동종교배(同種交配) 정책'이 지속되다 보면 시민의사는 왜곡되고 전문성이라는 이름 아래 도시공간에서 자본과 권력의 실험과 횡포가 자행될 것이다. 일부 지방자치단체들이 보여 온 즉흥적 사업추진, 무모한 투자, 재정낭비, 난개발과 같은 문제들이 바로 그 실패의 증거들이다.

도시정책 결정의 이러한 독점체제를 깨기 위해서는 각 분야의 인재가 모인 시민사회의 자원을 네트워킹 하는 것이 필요하다. 장기적으로는 시민사회의 다양한 자원을 발굴해서 '정책평가집단'을 만들고 도시정책에 대한 제대로 된 검증과 체계적인 평가를 해야 한다.

이제는 자칭 전문가라는 어용학자와 관변 인사들이 차지하고 있는 자리를 시민들이 돌려받아야 할 때다. 전문성이 독점적 의사결정 과정에서 권력과 손잡을 때, 이미 그들은 전문가의 지위를 박탈당했기 때문이다. 전문성은 가치중립적이어야 하며 시장경제하에서 도시정책 결정은 대안 간의 자유로운 경쟁이 전제되어야 한다. 무엇보다 시민의 폭넓은 참여와 선택권이 보장받아야 하는 것이 불멸의 대원칙이다.

「귀거래사(歸去來辭)」의 교훈, 「낙화(落花)」의 암시

정치에 몸담고 있거나 새로 몸담을 이들에게 도연명(陶淵明)의 「귀거래사(歸去來辭)」는 새겨 볼 만한 글이다.

돌아가리로다.
고향의 전원에 손질을 하지 않아
잡초만 무성하니 어찌 돌아가지 않을쏘냐?
지금까지 존귀한 마음의 세계를 육체적 욕구의 노예로 만들어,
이찌 추창하게 홀로 슬퍼만 히였던기?
내 이제 이미 지나간 일은 고칠 수 없지만,
앞으로의 일은 내 마음대로 할 수 있음을 알았도다.
실로 내가 길을 잘못 잡아 헤매었지만,
아직은 정도에서 멀리 벗어나지는 않았고,
비로소 지금이 옳고 어제까지는 틀렸음을 깨달았노라. (후략)

굳이 귀거래사를 말하지 않더라도 옛사람들은 처세가 분명했다. 사즉사지즉지(仕則仕止則止)라는 말처럼 세상이 필요로 하면 나아

가 열심히 일하고 쓰임이 끝나면 미련 없이 초야에 묻혔던 것이다. 요즘처럼 분수없이 명예와 이익에 집착하고 자리에 연연하는 추잡함을 보이지 않고 진퇴를 분명히 했던 것이다.

『한서(漢書)』의 「사기경전(謝幾卿傳)」에 나오는 물의(物議)란 말도 뭇사람의 평판이나 비난을 이르는 말로서 세상의 이치를 따르지 않음에서 비롯되는 경우이다. 섭리를 따르는 자연과 달리 유독 인간에게만 이런 일이 일어나는 것은 욕심과 착각 때문이다.

선거철을 맞아 긴 겨울잠에서 깨어난 기회주의자들이 또다시 세상을 어지럽히고 있다. 게다가 정치에 있어서는 안 될 무자격, 부도덕한 자들까지 뛰어들어 물을 흐리는 건 후안무치의 극치가 아닐 수 없다. 지금이야말로 혹세무민의 가짜 웃음과 언어유희의 간사함을 간파하는 혜안이 필요한 때다.

다시 이형기(李炯基)의 「낙화(落花)」를 보자.

가야 할 때가 언제인가를
분명히 알고 가는 이의
뒷모습은 얼마나 아름다운가.

봄 한철
격정을 인내한
나의 사랑은 지고 있다.

분분한 낙화……
결별이 이룩하는 축복에 싸여
지금은 가야 할 때

무성한 녹음과 그리고
머지않아 열매 맺는
가을을 향하여

나의 청춘은 꽃답게 죽는다.

헤어지자
섬세한 손길을 흔들며
하롱하롱 꽃잎이 지는 어느 날

나의 사랑, 나의 결별
샘터에 물 고인 듯 성수하는
내 영혼의 슬픈 눈

도연명의 「귀거래사」와 이형기의 「낙화」는 일맥상통한 주제를 담고 있다. 그 안에 담긴 수분지족(守分之足)과 과욕불급(過慾不及)의 이치와 교훈은 지금 선거판에 발 들인 사람들이 새겨야 할 대목이다. 떠날 수 있는 용기는 가장 아름다운 결정이다.

내가 아니면 안 된다는 망상, 저런 사람도 하는데 나는 왜 안 돼

하는 욕심 때문에 결국 떠날 때를 놓치고 명예까지 잃는 처지로 전락하는 것을 우리는 자주 봐 왔다. 그 또한 때를 모르는 인간에 대해 응징하는 자연의 섭리인가?

민선 지방자치시대의 주민참여와 사회적 정의

　　관선시대와 달리 민선 지방자치는 정책과정에 주민참여의 실질적인 폭이 넓어지고 질이 높아진다는 것을 전제로 한다. 주민참여란, 주민이 지역의 정책결정이나 집행과정에 개입하여 영향을 미치는 소극적 개념뿐만 아니라 정책과정에 일정한 통제를 가하는 적극적 개념을 포함한다. 즉 지방자치단체의 정책과정에 참여하고 영향을 미치는 자치주권(自治主權)을 행사하는 과정을 말하는 것이다.

　　지방자치단체의 정책과정에 주민참여가 필요한 이유는 다음과 같다. 첫째, 지방의회제도가 주민의 의사를 충분히 반영하지 못하거나 주민의사가 왜곡 변질될 경우에 필요하다. 이러한 경험은 지난 우리 지방의회의 경험으로 증명이 된다. 둘째, 정책과정에 주민을 참여시켜 주권자로서의 책임을 분담하고 주민의 협력과 지지를 확보하기 위해서 필요하다. 셋째, 지역의 정책결정 과정에 전문가의 독점적 지배를 억제하고 진정한 주민의사가 반영되는지를 모니터링하기 위해 필요하다. 넷째, 지역 정책 결정의 주체인 동시에 문제에 대한 당사자인 주민을 참여시켜 공동체의식을 함양시키기 위한 것이다.

이렇게 지방정책 과정에 주민이 참여함으로써 얻는 여러 가지 유익한 기능이 있다. 주민참여는 지방권력이 자칫 독선으로 빠지는 것을 제어하는 기능을 한다. 또한 대의정치의 결함을 보완하고 주민의 책임의식을 일깨워 주민의 권리와 재산상의 침해를 극소화시킬 수 있다. 아울러 주민참여를 통하여 지방정부와 주민과의 협조관계가 강화되고 지역정책에 대한 주민의 지지를 확보할 수 있다는 장점이 있다.

물론 그동안의 자치경험을 되돌아볼 때 주민참여제도에 보완이 필요한 점이 있다. 정책에 대한 주민참여제도 자체가 많은 시간과 노력이 요구되는 타협과 인내의 과정이다. 따라서 정책 집행의 지체를 초래할 수도 있고 행정과 사업진행의 능률을 떨어뜨리는 경우도 종종 발생한다. 또한 주민참여가 정치권력에 포섭됨으로써 허구화되거나 민중조작의 가능성이 생긴다는 점 그리고 지방자치단체가 특수이익이나 일부의 이익을 과잉 대표하여 행정의 공정성을 저해할 우려가 있다는 점 등은 제도적인 보완과 개선이 필요한 대목이다.

민선 지방자치 출범 이후 주민의 뜻을 좇아 정책을 결정하는 다양한 법과 제도가 만들어져 지방자치의 바람직한 발전방향이 정립돼 가고 있다. 이제 그동안의 공과를 뒤로하고 새롭게 내딛은 지방자치단체장이 지향해야 할 가치에 대해서 몇 가지 생각해 보자.

이태리 토스카나(Toscana) 지방의 시에나(Siena)의 시청(The Palazzo Pubblico)은 1920년대에 건축되었는데 시청 2층에는 「좋은 정부와 나쁜 정부의 알레고리와 도시와 시골에 미치는 효과(Good and Bad Government)」라는 벽화가 있다. 이 벽화에는 "땅을 지배하는 자여, 정의로워라(Choose Justice, you who judge the land.)"라고 일갈하며 '좋은 정부(Allegory of Good Government)'가 지향해야 할 가치를 말하고 있다. 또한 좋은 정부를 상징하는 인물 옆에는 Peace(평화), Fortitude(인내), Prudence(현명함), Magnanimity(아량), Temperance(중용), Justice(정의)의 대신들이 보좌하고 있다. 이 벽화가 말해 주는 여러 가지 가치 또한 현대 지방자치에서는 정책과정에 대한 주민 참여를 통해서 구현될 수 있다. 80여 년 전에 그려진 이 벽화에서 우리는 민선 지방자치가 나아가야 할 방향을 온고지신(溫故知新)의 지혜로 배워야 한다.

또 유엔개발계획(UNDP: United Nations Development Programme) 산하 프로젝트의 하나인 TUGI(The Urban Governance Initiative)는 미래의 도시 지역사회(Urban Community)를 가꾸어 나아가기 위한 5가지 원칙을 제시하고 있다. 이 역시 사회적 정의(Social justice)를 첫째로 꼽고 있으며 이어서 도시정부는 생태적 지속 가능성(Ecological sustainability), 정치적 참여(Political participation), 경제적 생산성(Economic productivity), 문화적 생동감(Cultural Vibrancy) 등의 가치를 추구해야 한다고 강조하고 있다.

시에나 시청의 벽화와 TUGI가 제시하는 다섯 가지 원칙은 민선4기의 지방자치가 좀 더 폭넓고 질 높은 주민참여를 통해서 더 살기 좋은 지역사회를 가꾸어야 한다는 수단적 가치인 동시에 목적가치

이기도 하다. 결국 지방자치시대의 참다운 정책은 주민참여를 통해 완성되며 이를 통하여 차별 없는 사회적 정의가 구현되어야 한다.

즉, 지방자치시대의 사회적 정의는 사회적, 문화적, 성적인 구별 없이 지역의 모든 구성원에게 유무형의 기초적인 서비스를 공급하는 것이다. 결국 이러한 사회적 정의는 그 폭과 질이 대폭 개선된 올바른 주민참여를 통해 확보될 수 있는 가치이다. 민선지방자치시대는 바로 이러한 가치에 초점을 맞추어야 한다.

제4부

정책에도 품질이 있다

정책에도 품질이 있다

관선시대와 달리 민선 지방자치단체장들은 고객 중심의 품질 높은 행정서비스를 펴고 있으며 이런 참신한 아이디어들은 지방자치의 참맛을 느끼게 해 준다.

반면에 사리사욕과 명예욕에 사로잡혀 타당성이나 환경친화 등을 고려하지 않고 정책을 강행하는 단체장도 있다. 선심성·전시성·과시성 정책남발과 자질부족으로 빚어지는 정책 실패를 보면서 '제대로 된 단체장을 선택'하는 문제가 중요하다는 것을 절실하게 느낀다.

과일을 상품과 하품으로 나누고 쌀도 정부가 수매할 때 등급을 매기는 것처럼 시장에 존재하는 모든 상품은 품질에 따라 등급이 나뉜다. 이것을 근거로 가격이 결정되고 고객의 신뢰와 사랑을 받게 된다. 상품에 질과 등급이 있는 것처럼 지방자치단체의 정책도 품질에 따라 등급을 매길 수 있다.

지방자치단체의 정책 중에서 합리적 대안 없이 이루어지는 마구

잡이 단속은 가장 하급에 속한다. 해결책을 제시하지 못하고 지시만 내리면 누구나 할 수 있는 단세포 정책이기 때문이다.

보도 위에 줄만 그어 놓고 자전거 도로라고 자랑하는 시책, 판을 벌여 놓고 공무원이나 주민을 동원하여 자리를 채우는 행사, 지역의 전통과 정서가 반영되지 않은 특색 없는 잡탕밥 축제, 친절봉사의 본질을 도외시한 채 민원실 공무원에게 한복을 입게 하는 것들은 하급 정책에 지나지 않는다. 모두 10부제 운행을 하는데 자랑 삼아(?) 5부제, 심지어 2부제를 실시하는 것은 사회시스템을 고려하지 않는 독불장군 삼류 정책에 불과하다.

나눠 먹는 성과급제, 탈법을 유도하는 시간외수당지급제도, 급변하는 사회에 아랑곳하지 않고 20년 동안 일편단심(?)으로 버텨 왔던 새마을 대청소와 반상회도 당초 취지를 상실한 질 낮은 정책이다.

여전히 공무원들의 손에 의존하는 산불진화작업, 어깨띠를 두르고 자연보호·교통캠페인에 나서게 하는 것도 시대에 뒤떨어진 하급 정책에 지나지 않는다. 겉보기엔 그럴싸해 보여도 이런 것들은 알맹이 없는 껍데기 정책인 경우가 대부분이다.

이에 비해 지방자치단체의 정책 하나가 시민생활의 패턴을 바꾸고 나아가 새로운 '문화'를 형성하는 고품질 정책인 경우도 있다. 지난 99년부터 시작된 전남 함평군의 나비축제는 지역특산인 나비·곤충과 자연을 소재로 새롭게 시도된 생태학습·환경축제로서 지역축제의 모델을 제시한 1등급 정책이라고 할 수 있다.

불모지에서 재즈페스티벌을 개최해 국내외에서 수만의 매니아들이 찾는 명소를 만든 가평군의 사례도 본받을만하다. 자라섬 국제재즈페스티벌은 '미친놈'소리를 들어가며 아이디어를 내고 전력투구한 공무원과 자치단체장의 의지가 만들어낸 성과품이다.

이처럼 지방자치단체의 정책이 시민에게 미치는 영향은 대단하다. 그것이 3류 저질 정책일 경우 시민의 불신·불만·불편만 가중되고 그런 정책이 계속되면 시민들은 그 도시를 떠나고 싶어진다.

지방자치단체가 고품질의 정책을 펴야 하는 이유가 바로 여기에 있다. 정책이라고 모두 같은 정책은 아니다. 우리는 상급의 탈을 쓴 하급 정책이 아니라 고품질의 정책을 향유할 '소비자의 권리'가 있다. 정책에도 품질이 있다.

정책도 마케팅이다

마케팅은 시장(市場) 지향적 경영을 말하며 이것은 고객중심의 경영방침과 철학을 의미한다. 시장 지향적 경영철학을 실천에 옮기기 위한 첫걸음은 시장상황판단을 위한 마케팅조사(marketing research)이다. 시장상황은 늘 복잡하고 가변적이어서 아무리 경험 많은 관리자라 하더라도 외부의 정보가 필요하게 되며 그래서 성공적인 마케팅을 위해서는 늘 시장의 변화에 주목하고 소비자에게 귀를 기울여야 한다.

요즘 정부와 지방자치단체에서 고객만족도 조사나 단위 정책에 대한 여론조사를 벌이는 것도 결국 정책마케팅의 일환이라고 할 수 있다. 그것은 경험 많은 관료나 지방자치단체장의 독단적 정책결정이 간과하기 쉬운 결함을 보완해 주는 훌륭한 무기가 될 수 있다. 결국 정책마케팅이란 소비자인 주민의 욕구와는 상관없이 정책결정자나 소수만이 참여해서 만들어지는 비시장지향성(non market oriented) 정책결정이 아니다. 그것은 주민 욕구에 충실하고 시장의 변화에 민감하게 대응하는 시장지향(market oriented)형 정책결정을 말하며 주민의 주민에 의한 주민을 위한 지방정부를 만들어 나가는 필수과정이다.

선거 때만 되면 정부는 투표율이 민주시민의 의식 수준을 보여 주는 것이라며 투표율이 떨어질까 걱정한다. 그러나 선관위나 정부도 이런 핑계나 대고 낮은 투표율을 걱정만 하지 말고 아이디어를 짜내야 한다. 많은 예산을 들여 공익광고나 해댄다고 투표율이 올라갈 리 만무하다. 요체는 정치가 스포츠처럼 시원함과 신바람을 나게 해야 하지만 그건 이미 그른 일이라는 걸 모르는 국민이 없다. 그래도 다른 방법이 얼마든지 있다. 엉뚱한 소리 같지만 선거인명부에서 추첨해서 '자동차'나 '노트북', '제주여행권'을 경품으로 걸어 보자.

한때, 신용카드를 사용하라고 호소하고 협박(?)해도 쇠귀에 경 읽기였다. 그런데 복권식 추첨을 해서 당첨금도 주고 연말정산 공제 혜택을 주는 등 여러 가지 유인책을 쓰니 신용카드 사용이 눈에 띄게 많아졌다. 신용카드를 사용하면 거래와 세원이 투명해져 국가경제 발전에 기여한다고 사람들이 도덕적 판단을 해서 전보다 더 많이 사용하게 된 것이라고 생각한다면 미안하지만 틀린 답이다. 그건 바로 사람을 끌어 모으는 '정책 마케팅'의 결과이다.

지방자치가 실시되면서 각 지방자치단체에서 지역특색을 살린 이벤트와 지역축제, 문화행사가 관선시대보다 크게 늘어났다. 또한 관광객과 기업을 유치하려는 노력이 경쟁적으로 벌어지고 있다. 이런 활동들이 바로 지역마케팅(Place Marketing)의 일환이다. 그러나 많은 노력에도 불구하고 지방자치단체가 만들어 내는 각종 정책이 자주 실패하는 이유는 주로 그 정책결정에 지방자치단체장이나 소수의 의사결정자들만이 참여했거나 형식적인 의견수렴을 거치기 때문인 경우가 흔하다. 지방자치단체는 그 인적 구조나 조직 체계상 정책결정 과정에서 '우물 속의 의사결정'에 빠지는 우를 범하기 쉽다.

지방자치단체도 '이윤'을 최고의 가치로 여기는 기업이 왜 많은 '돈'을 들여가면서 소비자와 시장에 대한 조사를 하고 그 변화에 늘 민감하게 반응하는지 따져볼 필요가 있다. 소비자의 기호에 맞추지 못한 상품이 잘 팔릴 리 없는 것처럼 주민욕구를 파악하지 않고 겉포장만 요란한 정책을 남발한다고 속된 말로 "표가 모아질 리 없다." 고객만족은 결코 형식적 의견수렴 절차나 포장된 정책홍보에 의해서 만들어지는 고무풍선이 아니다. 그런 풍선은 쉬 바람이 빠지거나 터지기 쉽다.

기업이 생존을 위해 소비자의 비위를 맞추듯 지방자치단체의 정책도 주민의 감동을 이끌어 내고 그 감동을 오래 지속시킬 수 있도록 고객지향, 시장지향이어야 한다. 고객만족은 정책을 지탱하는 수단이며 지방자치단체의 존립을 가능케 해 주는 기반이다. 그러기 위해서는 낮은 자세로 시장(市場)의 움직임을 읽어야 한다. 열린 귀로 주민의 소리를 들어야 한다. 그것이 바로 정책마케팅의 출발점이다.

지방자치단체 브랜드 정책의 중요성과 문제점

1995년 민선 지방자치제를 실시한 이후 전국의 지방자치단체들이 경쟁을 통한 지역발전이라는 목표를 달성하기 위해서 지역브랜드 개발에 앞다투어 나서고 있다. 지방자치제가 실시된 지 10년, 그동안 지방자치단체들은 관선시대의 낡은 지역 이미지와 상징을 벗어던지고 나름대로의 아이덴티티(Identity)와 브랜드 파워를 지니기 위해 활발한 노력을 기울여 왔다. 문제는 대부분의 지역에서 브랜드 개발이 명목적 브랜드에 치중되고 지역산업의 육성과 연계된 실천적 전략의 부재 내지 미흡성이 지적되고 있다는 점이다.

기업브랜드, 국가브랜드와 마찬가지로 지방자치단체의 브랜드는 사람들로 하여금 특정 지방자치단체의 상품이나 서비스를 식별하고 다른 지역의 그것과 구별하도록 의도된 이름 및 용어, 기호, 심벌, 디자인 등을 포함하며 이미지, 신뢰도, 호감도 등 모든 것을 대변하는 종합적인 가치를 의미한다고 할 수 있다.

우리나라에서 지방자치단체의 브랜드는 지방자치의 실시 이후 각 지역이 경쟁체제로 돌입하면서 그 중요성이 더욱 부각되기 시작하였다. 특히 세계화의 물결이 급속히 대두되고 최근 FTA 등 시장개방이 확대됨에 따라 국제사회를 겨냥한 브랜드 파워의 육성에 관심을 기울이고 있다. 이렇듯 지방자치시대를 맞아 지방재정 확충과 지역 이미지 향상을 꾀하는 브랜드 개발 경쟁은 이제 지방자치단체의 필수적인 전략의 하나로 자리 잡아 가고 있다.

지방자치단체마다 고유의 브랜드 개발에 적극적으로 나서는 가장 근본적인 이유의 하나는 지방의 홀로서기 여건, 즉 지역발전을 위한 자체동력인 지방재정이 열악하기 때문이다. 따라서 지역브랜드 개발 전략은 자체 브랜드 개발과 홍보를 통해 지역의 이미지를 개선하고 이를 계기로 관광객 유치, 자부심 고취 등 다양한 측면에서 지역발전을 위한 긍정적 시너지로 작용하게 함으로써 결국 세입증대와 지역발전을 도모한다는 인식에서 출발하고 있다.

이러한 브랜드 전략은 지역의 사회문화적인 여건과 장단점 등에 대한 충분한 검토와 조사가 선행되고 동원 가능한 인적 물적 자원과 역량을 객관적으로 파악하여 지역이 지향해야 할 장기적인 방향과 전략을 도출하는 절차에 따라서 이루어져야 한다. 그럼에도 불구하고 많은 곳에서 지역브랜드는 지역의 특성과 산업적 비교우위 등 사회문화적 자산의 가치 평가를 간과한 채 지나치게 형상적 이미지에만 치중하고 있으며 외국어 일색의 말장난에 불과한 곳도 상당수에 이르고 있다는 문제점이 발견된다.

　지방자치단체의 브랜드 전략에서 발견할 수 있는 문제점은 첫째, 지역의 특성과 연상되지 못하는 정체불명의 브랜드가 양산되고 특히 그 지역의 주민들조차도 왜 그러한 브랜드를 내세웠는지 쉽게 이해하지 못하고 있다는 점이다. 둘째, 브랜드 개발에만 치중하고 브랜드의 개발을 위한 사전조사나 사후적 홍보, 즉 마케팅 전략의 미흡과 가치평가의 부재를 들 수 있다. 특히, 대부분의 지방자치단체가 만들어 놓은 브랜드와 추진해 온 브랜드 전략에 대한 효과와 가치의 평가에 대한 검증에 소홀하다.

　지방자치단체가 내세운 대부분의 브랜드가 지역 특성이나 지역의 역량을 간과한 채 만들어 내기에만 급급하고 있다는 이 같은 지적에 귀를 기울여야 한다. 지역브랜드는 지역의 자산에 대한 객관적 조사와 평가를 바탕으로 동원 가능한 사회문화 및 경제적인 자원과 이를 통하여 지역이 지향해야 할 미래적 가치를 설정하는 단계로 이루어져야 한다.

　무엇보다도 지역브랜드 형성과정에 주민의 이해와 참여가 필수적이라는 점을 간과해서는 안 된다. 주민의 의견이 배제된 채 소위 전문가라는 배타적 집단들만이 참여해서 만들어 낸 브랜드는 시민들의 관심을 끌기 어렵다. 공들여 만들어 놓은 지역브랜드가 지역 주민들조차 쉽게 이해하지 못하고 외면한다면 그건 아무짝에 쓸모없는 언어유희에 지나지 않는다.

지역 활성화 수단으로서 스크린 마케팅 (Screen Marketing)의 허와 실

안타깝게도 근본적으로 취약한 지방자치단체의 재정상태는 지방자치제 실시 이후 오히려 심화된 것으로 나타났다. 감사원 자료 (2005. 4)에 따르면 전국 250개 지자체의 재정 현황 분석 결과, 재정자립도가 94년 평균 63.9%에서 2004년 57.2%로 6.7%포인트 낮아져, 지방자치 실시 이후 오히려 중앙정부에 대한 의존이 심화되었다. 특히, 250개 지방자치단체 가운데 87.6%인 210개 지방자치단체의 재정자립도가 50%에도 못 미쳤으며, 136개 지방자치단체는 30% 미만인 것으로 나타났다. 이 때문에 주민세 등 지방세만으로는 자체 인건비조차 해결하지 못하는 지방자치단체가 전체의 63.6%에 이르고 있다는 것이다.

지방자치제 실시 이후 지역발전에 대한 주민의 욕구와 기대는 날로 높아지고 있으며 이에 따라 각 지방자치단체는 지역 활성화를 위한 다양한 실험과 노력을 기울이고 있다. 지역 활성화를 위한 노력은 기업체 유치 활동이 가장 두드러지며 그 성과 또한 가장 괄목할 만한 것이다. 그러나 안타깝게도 지역이 처해 있는 취약한 도시접근성,

산업 및 노동시장의 취약성 등 지정학적·사회경제학적인 제약 때문에 대부분의 지역에서 기업체 유치를 통한 지역 활성화 정책은 교범(manual)에나 있는 '그림의 떡' 정책에 지나지 않는 경우가 흔하다.

따라서 최근 지역의 역사 문화적 자산, 자연환경 등을 활용한 문화마케팅, 장소마케팅, 문화산업, 브랜드 등에 대한 관심이 고조되고 있다. 특히, 드라마 촬영지와 세트장은 지역경제 활성화와 지역 이미지 및 브랜드 가치 제고에 긍정적인 역할을 하는 지역 활성화 수단으로 각광받고 있다. 그러나 한편으로는 각 지방자치단체마다 너도나도 이 '묻지마 마케팅'에 뛰어들면서 예산낭비 등 부작용이 속출하고 있다.

대략 지난 2000년 이후부터 지방자치단체들이 영화나 드라마 제작에 투자해서 세트장 등을 관광 상품화하려는 이른바 스크린 마케팅에 적극 나서고 있다. 그러나 모든 영화촬영지와 세트장 유치 지역이 문화관광 측면에서 효과를 거두거나 지역발전의 촉매제로서 역할을 다한 것은 아니며 일부 지역을 제외하고는 일회성 이벤트에 불과한 초라한 성적을 거둔 곳이 대부분이다.

이런 가운데 전남 완도군의 드라마 「해신」 세트장 유치는 긍정적인 사례로 평가할 수 있다. 완도군의 자료에 따르면 「해신」 세트장 유치 이후 2004년 4월 관광객 집계결과 100만여 명이 넘는 관광객이 방문했고 숙박업소와 식당, 특산물 판매 업소들이 드라마 상영 기간 동안 200억 원 이상 매출액을 기록하는 호황을 누린 것으로 나타났다.

 이러한 직접 효과 이외에도 지역 브랜드 가치 상승, 지역 이미지 제고에 따른 지역특산품(농수산물) 판매 광고효과 등 가치 이상의 부가가치 상승효과를 거두었다. 특히, 유치과정에서 지역단합의 계기를 만들어 지역의 장기적 발전을 위한 내부 동력을 응집시키는 보이지 않는 성과를 거둔 점도 간과할 수 없는 부분이다. 그러나 드라마 종료 후 관광객이 급감하고 반짝 효과에 불과했다는 내부 비판도 제기되고 있어 효과의 지속을 위한 정책적 노력과 지역 마케팅의 중요성을 다시 한번 일깨워 주는 좋은 사례가 되고 있다.

 스크린 마케팅에 뛰어든 대부분의 지방자치단체들이 투자한 영상 관련 정책은 극히 일부인 약 20%선만이 투자금액을 상회하는 낮은 성과에 그치고 있는 실정이다. 광주광역시 남구가 유치한 「구미호 외전」도 시청률에선 실패하지 않았지만 관광객 방문, 세트장 이용 수익사업은 미진했다. 전남 신안군도 드라마 「섬마을 선생님」에 7억 원을 투자했으나 드라마도 흥행에 실패하고 주민의 원성을 사는 결과만을 초래했다. 강원 영월군도 영화제작사와 「빨간 산타」 공동 투자에 나섰으나 5억의 투자금을 날리고 떼인 제작진의 숙박비, 음식 값도 고스란히 주민의 부담으로 돌아갔다.

 지방자치단체장이 지역여건과 효과에 대한 충분한 타당성 검토 없이 무조건 내 지역에 유치하는 것만이 표를 얻는 데 도움이 된다는 식으로 뛰어들다 보니 처음부터 실패의 위험성을 가지고 출발하게 된다. 지방자치단체에 스크린 마케팅을 기획하고 판단하고 수행해 나갈 전문 인력도 거의 전무한 실정이니 지방자치단체의 스크린 마케팅 정책은 전문 업체에 끌려다닐 수밖에 없고 그만큼 실패할 경우 그 부담은 지역의 몫으로 떠넘겨질 공산이 크다.

실제로 대부분의 실패 사례는 지역의 자연환경, 관광자원과의 연계성에 대한 깊은 고민이 부족하였고 무엇보다도 장기적인 관광객 유인책을 만들어 내지 못함으로써 일회성 이벤트 사업에 그치게 되는 경우가 흔하다는 점을 시사해 주고 있다.

다른 정책과 마찬가지로 스크린 마케팅도 '무작정 따라하기'식으로 나선다면 다른 지역의 실패를 되풀이할 위험성이 높다는 점을 인식해야 한다. 문화마케팅 특히 스크린 마케팅은 지역여건에 대한 객관적 판단과 타당성 검토가 선행되어야 하고 무엇보다도 지역산업에 대한 연계 및 파급효과 방안 등에 대한 깊은 고민과 대안을 가지고 출발해야 한다.

시대문맹(時代文盲)의 삼류정책(三流政策)

사회는 끊임없이 스스로를 변화해 나간다. 그 변화의 동력은 내부구성원이 자기발전을 위해 노력하고 외부 변화요인으로부터 충격을 받아들이는 수용력의 정도에 좌우된다. 우리는 그것을 '혁신(Innovation)'이라고 부른다.

혁신은 내·외부 환경변화에 적응하고 도전에 응전해 나가는 과정을 통하여 조직과 사회를 유지하고 발전시키는 요체인 것이다. 그래서 변화를 읽지 못하거나 충격을 흡수하지 못하면 조직은 도태되고 그 사회도 변화의 도도한 물결에서 뒤처지게 된다.

현대는 이미 지식정보사회로 진입했다. 지식정보사회는 단순히 산업사회의 도시문제를 개선하는 수준을 넘어 사회의 구조와 원리를 혁신하는 과정이라는 새로운 패러다임으로 이해하지 않으면 안된다.

따라서 고도의 지식정보사회로 진입하기 위해서는 인터넷 등 정보통신기술의 도입 활용이라는 기술적 문제뿐만 아니라 이에 걸맞게 의식과 관행, 제도의 개편이 이루어져야 한다. 즉 지식기반사회에 맞도록 기존의 정치·행정·경제·사회·문화적 가치나 윤리가 새롭게 재정립되어야 한다. 특히 지역개발 등 공공부문에서도 수구의 틀을 벗어난 행정철학의 재정립이 필요하다.

사회변화의 장기적 추세인 트렌드(trend)를 잘 읽고 분석하면 행정이 나가야 할 방향이 보인다. 정형화된 모범적인 틀인 패러다임(paradigm) 역시 우리가 반드시 읽어야 할 사회의 거시적 흐름이다. 그러나 트렌드와 패러다임은 고정·영속적인 가치가 아니라 항상 생성·발전·쇠퇴·대체되는 과정을 되풀이한다.

따라서 사회변동의 이러한 흐름을 읽지 못하면 시대정신으로부터, 사회변화의 흐름에서 뒤처질 수밖에 없다. 그래서 조직문화의 유산인 관행(慣行)과 선행(先行)의 틀에서 벗어나지 못하고 법령이나 지침만을 고집하는 전근대형 행정은 기업으로부터, 국민으로부터 원망과 개탄의 질책을 듣게 마련이다.

위도 핵폐기물처리장 부지결정 문제를 둘러싼 국민적 갈등은 적정한 틀을 갖추지 못한 정부의 낡은 의사결정 시스템이 초래한 난책(難策)이다. 1950년대의 낡은 디자인으로 내밀었다 망신만 당한 자동차번호 신규 표지판 역시 '책상 위의 정책결정'이 빚어낸 시대문맹(時代文盲)의 졸작이다. 수도권의 한 지방자치단체에서 지역발전과 경영수익에 커다란 도움이 될 문화프로젝트와 관련된 업체유치를 무산시킨 담당 직원이 인사 조치를 당한 일도 적법성만을 따지는 포괄적 거시적 안목이 결핍된 관행적 실무판단이 더 이상 용납되지 않는다는 것을 보여 준 사례다.

이 밖에도 중앙정부와 지방정부에서 생산하는 각종 도시정책 중에는 정책이라고 하기에도 부끄러운 졸작이 아무런 염치없이, 부끄럼도 없이 국민 앞에 모습을 내밀고 있다. 이런 시대문맹 정책들은 변화에 둔감한 관료조직이 빚어낸 관행의 유산이다.

행정이 국민과 시대를 이끌고 주도하던 시대는 이미 간 지 오래이다. 관료들이 이런 현실을 아무리 받아들이기 어렵다 하더라도 이미 시대는 기업과 국민이 고객이고, 주인이며 그들이 사회를 주도하는 시대이다. 행정은 그들이 신나게 일하도록 놀이판을 짜 주는 '일꾼', 공정한 경쟁이 이루어지도록 감시하는 '심판'의 역할에 충실하면 된다. 그 이상도 그 이하도 아니다.

관료가 시대의 트렌드와 패러다임을 읽지 못하고 관행과 법령이라는 신앙에 얽매여 낡은 사고와 틀을 고집할 때, 국민은 짜증나고 기업은 도산하고 국가는 쇠락의 길로 접어들게 된다.

그래서 관료사회가 자기파괴 수준의 자기혁신, 관행타파, 의사결정 시스템을 깨지 않고는 늘 발에 차이고 국민의 질책을 받게 될 뿐이다. 그런 관료사회가 만들어 내는 정책은 '삼류정책', '죽은 정책'에 불과하고 국민과 기업의 손가락질만 받게 될 것이다. 관료와 정

책이 늘 깨어 있어야 하고 사회변화에 귀를 기울여야 하는 이유가
바로 여기에 있다. 국민과 사회를 이끌지는 못하더라도 적어도 걸림
돌이 되어서는 안 되기 때문이다.

오렌지 카운티(Orange County)의 파산과
햄프턴 시(Hampton City) 행정개혁의 교훈

미국 서부 캘리포니아 주 오렌지 카운티의 가든그로브(Garden Grove) 시와 동부 버지니아 주 햄프턴 시에서 있었던 상반된 실패와 성공 사례는 공공부문 개혁과 구조조정, 재정위기라는 어려운 상황을 겪고 있는 우리 지방자치단체들에게 좋은 가르침이 되고 있다.

캘리포니아 주에서 세 번째로 큰 오렌지 카운티는 미국에서 가장 부유한 지역으로 널리 알려져 있으며 자매도시인 가든그로브 시를 중심으로 한국 교민이 많이 살고 있는 지역이기도 하다. 이 오렌지 카운티가 94년 12월 6일 연방법원에 파산보호조치인 연방파산법 제9장을 신청하는 사건이 발생하였다. 재정확충을 위해 투자했던 파생금융상품(derivative)이 금리가 인상하면서 폭락해 무려 16억 달러를 손해 봤기 때문이다.

이것은 미국 자치단체 사상 가장 큰 파산 액수였으며, 파산의 깊은 시름은 바로 카운티 공무원과 주민들의 생활에 직접적인 영향을 미쳤다. 그 결과 2,000명 이상의 공무원이 직장을 떠났으며 주민들도 경제적·정신적인 고통을 받게 되었다. 파산신청 후 캘리포니아 주 상원은 특별위원회를 구성하여 조사하고 공개청문회를 열었으며 주정부의 재정감독기능 강화와 내부 조직의 근본적 변화를 초래하는 계기가 되었다.

기업과 마찬가지로 파산은 해당 지방정부의 신용도를 추락시키고 지방정부가 외부에서 차입하는 비용이 높아지는 경제적 부담이 뒤따르게 된다. 그러나 무엇보다도 가장 큰 손실은 주민들의 구겨진 자존심과 명예이다. 이것은 비용으로 계산할 수 없을 정도로 매우 크다.

워싱턴 남쪽 미국 동부해안에 위치한 인구 14만 명의 햄프턴 시는 80년대 초까지만 해도 만성재정적자에 시달리던 낙후지역 중의 하나였다. 그러던 햄프턴 시가 1984년 로버트 오닐(Robert J. O'Neill, Jr)을 시티 매니저(City Manager: 행정관, 부단체장)로 고용하면서부터 살기 좋은 지역으로 탈바꿈하게 된다. 그는 취임사에서 "시민들에게 불필요한 직원은 월급을 받을 자격이 없습니다"라고 변화와 개혁의 시대를 선언하면서 행정 시스템 혁신에 착수했다.

오닐은 국장급의 월급을 성과급으로 바꾸고 여론조사를 통해 분석한 시민들의 시정 만족도에 따라 보너스를 차등 지급하는 철저한 실적주의를 도입했다. 또 소관업무를 놓고 싸우는 부서 간의 고질적인 할거주의의 폐단을 뿌리 뽑기 위해 시 조직을 5개 태스크 포스(task force) ― 시민서비스·주민복지·주민안전·사회간접자본·경영혁신 — 로 재편했다.

일부에서 불만의 목소리도 있었지만 이런 혁신의 결과로 시 살림살이는 날이 갈수록 좋아졌다. 만성적자도시였던 햄프턴 시는 90년대 중반에 흑자 350만 달러를 기록하고 93년 말 여론조사에서 시 행정에 만족한다는 주민응답이 93%나 되는 살기 좋은 도시로 탈바꿈하게 된다. 햄프턴 시의 행정개혁은 미국 전체 도시 중에서 모범사례로 선정되기도 했다.

이 두 도시의 사례는 우리나라 지방자치단체가 공공부문개혁과 살림살이를 어떻게 해나가야 하는지 가르쳐 주고 있다. 자리만 차지하고 앉아 시민의 세금이나 축내고 있거나, 없어져도 시민생활에 아무런 지장이 없는 곳이 아직 남아 있는지 다시 한번 살펴보자. 외국도시와 자매결연을 맺는 이유는 임기 중 지방자치단체장이나 의원들이 외유를 가기 위한 목적이 아니라 바로 이런 사례를 배우기 위해서다.

지방자치단체의 '특수시책' 없애자

관선시대부터 업무보고서의 마지막은 으레 특수시책이 장식해 왔다. 지방자치가 시작된 뒤에도 지방자치단체들이 각종 특수시책을 자랑스럽게 내세우고 있으나 말만 '특수'지 실은 '아주 일반적인' 시책인 경우가 대부분이다.

특히 민선 이후 지방자치단체장들이 주민들에게 무언가 바꾸었다는 것을 보여 주기 위해 공무원들에게 특수시책 발굴을 주문하고 있다. 그래서 과대 포장된 특수시책이 양산되는 부자용을 초래하고 공무원들은 업무보고에 넣을 특수시책을 짜내느라 골머리를 앓는다. 물론 지방자치의 취지 중 하나는 지역특성에 맞는 정치실험이라는 측면도 있다. 또 주민들의 호응을 얻는 좋은 시책도 있다.

그러나 기존 업무를 재포장하거나 남의 시책을 베낀 것들이 대부분이다. 외형만 갖춘 특수시책은 실질적인 효과보다는 주민들에게 많은 일을 하고 있다는 것을 알리는 치적홍보용으로 전락하고 있다. 이렇게 되고 있는 것은 지방자치단체장이 홍보효과를 거두기 위해

양적으로 많은 시책을 추진하고 있기 때문이다.

그래서 기본업무 이외에 잡다한 특수시책을 추진하느라 공무원 1인당 업무량도 증가하고 대민 서비스는 물론 기본업무조차 제대로 수행하기도 어려운 실정이다. 따라서 주민 홍보용이나 전시행정으로 전락하고 있는 구색 맞추기 특수시책 대신에 양은 적더라도 질적으로 행정수준을 한 단계 높일 수 있는 '보통시책'을 충실하게 추진하는 것이 더 중요하다.

지방자치라는 이름 자체가 지역특성과 주민의 다양한 욕구를 반영한 특별행정이란 의미를 포함하고 있다. 우리가 지방자치를 실시하고 있는 것은 무엇 때문일까? 그 이유 중의 하나는 관선시대, 중앙의 잣대와 입맛에 맞추느라 소홀했던 '주민을 위해 행정이 해야 할 가장 기본적인 범위의 일'을 원래 위치에서 차분히 시행코자 함이다.

특수시책 역시 지방자치단체를 중앙의 잣대로 평가하는 용어에서 비롯된 것이다. 특수시책은 남에게 보여 주기 위한 것이 아니며 단지 그 지역 주민을 위해 봉사하는 서비스의 종류일 뿐이다. 지방자치의 원취지대로라면 그것은 단지 평범한 시책인 것이다. 행여 이상한 특수시책을 만들어 내느라고 공무원들의 시간과 정력을 낭비시킨다면 그 피해는 주민이 입게 된다.

행정이 할 필요가 없는 일, 더 나아가 행정이 하지 말아야 할 일

까지 하고 있는 공무원들이 주민을 위해 반드시 해야 할 가장 기본
적인 '제 할 일'을 하도록 기회를 주어야 한다.

공무원들도 주민에게 봉사하고 싶은 자발적 욕구가 있으며 친절
하다고 칭찬받을 인간적 권리가 있다. 오늘도 밖으로 내몰리는 공무
원들을 특수임무(?)에서 해방시켜야 한다.

'느림보 정책'을 실천하자

이탈리아 토스카나 지방 그레바 마을은 교통을 비롯한 모든 것을 천천히 하도록 정책적으로 규정하고 있다고 해서 '느림보 도시'로 유명하다. 다른 15개 도시에서도 벤치마킹한 것만 보아도 전혀 엉뚱한 발상만은 아니라는 것이 입증되고 있다. 그들의 느림보에는 우둔함이나 뒤처짐이 아닌 조급함이 가져온 부작용과 폐해를 치유하려는 정책적 고심이 엿보인다.

지방자치단체장이 바뀌고 새 임기가 시작될 때마다 우리는 혼란한 게 정말 많다. 거액의 비용을 들인 용역결과와 미사여구로 포장된 장밋빛 비전과 정책이 하루아침에 바뀌는 게 다반사다. 모두가 지존의 법칙처럼 옳고 오직 그 길만이 갈 길인 것처럼 떠들다가도 언제 그랬느냐는 것처럼 '안면 바꾸기' 정책이 비일비재하다.

한두 달에 뚝딱 만들어지는 용역결과와 개발계획이 제대로 될 리 없다. 어느 광역시의 '미래발전계획'은 시민단체로부터 거액의 예산을 들여 부산만 떨었지 새로운 것이 전혀 없다는 지적을 받았다. 수도권의 한 도는 지난해 엉뚱한 신도시 개발계획을 언론에 밝혔다가 개인 차원의 구상이라고 발뺌하는 일이 있었다. 구체화되지도 않은 지사의 공약을 무리하게 추진하면서 의회로부터 제동이 걸리는 일도 흔하다. 늘 되풀이되는 사고를 다시 겪으며, 우리는 대형사고 뒤에 일상적으로 발표되는 대책이 허겁지겁 응급대책이라는 걸 통감하고 있다.

이러한 정책조급증은 우리 사회에 널리 퍼진 고질적 병폐 중의 하나로서 중앙보다 지방에서 그 심각성이 더하다. 중앙정책이 국정의 한 틀로서 움직이는 시스템인 데 비해서 지방정책은 독립성이 강한 지방자치단체장에게 전적으로 좌우되기 때문이다. 조급한 정책은 목표와 수단에 대한 철저한 검증과정이 결여되거나 불확실한 미래상황에 대한 대비가 소홀하기 때문에 필연적으로 부작용을 낳게 마련이다.

그래서 비능률인 것 같아도 시간을 가지고 이리저리 뜯어보고 난상토론을 거치는 것이 그만큼 실패의 위험성을 줄이는 첩경이다. 흔히 임기 초에는 각종 단순한 아이디어 차원의 정책구상이 실제 정책인 것처럼 포장되고 발표되는 예가 흔하다. 지방자치단체장은 이 같은 조급증세에 휘말리지 않도록 신중함과 자제력을 발휘할 필요가 있다.

임기 초에는 의욕도 넘치고 '권력의 칼'을 휘두르고 싶은 조바심이 나는 게 권력의 속성이지만 4년의 임기에서 대개 이때 잘못 끼워진 첫 단추가 임기 내내 발목을 잡는 경우도 있다. 역설적이지만 임기 초에는 공약 중에서 가능성이 낮은 것을 재검토해서 변경하고 나아가 폐기시키는 작업부터 하는 편이 낫다. 지방자치단체장의 정책 구상에 대해 시스템 내부와 시민들의 가치공유나 최소한의 합의 없이 일방적으로 정책을 발표하고 소수가 밀어붙이는 것은 그만큼 실패의 위험성을 안고 출발하는 것과 다름없다.

임기 초에 지방자치단체장이 빠지기 쉬운 또 하나의 함정은 '차별화 강박증'이다. 그러나 지방자치단체의 정책은 '계속성의 원칙'이 존중되어야 한다. 우리가 지방자치단체장을 뽑는 것은 새로운 리더십으로 경영을 해달라는 것이지 옛것을 모두 버리고 새롭게 뜯어고치라거나 조령모개(朝令暮改)의 정책을 양산하라는 것이 아니다.

정책에 있어서 후회는 아무리 빨라도 이미 늦다. 발생 초기로 원천무효화시킬 수도 없다. 그 잘못된 정책을 집행하는 데 들어간 노력과 비용과 시간은 누구도 보상해 주지 않는다. 더구나 그 참담한 실패가 가져올 미래의 비용은 고스란히 시민의 몫으로 남는다. 지방자치단체도 정책조급증에서 벗어나 '느림보 정책'을 구상하고 토론하고 실천해야 한다.

무정책(無政策)이 상정책(上政策)이다

부동산 정책을 둘러싼 정부의 정책실패와 책임소재에 대한 논란과 비판이 깊어지고 있다. 이러한 특정분야에 대한 정책 실망은 정부에 대한 불신으로 확산되고 결국은 국정 전반에 걸쳐 신뢰 상실을 가져와 정부가 무슨 일을 하든지 국민이 믿지 않게 되는 지경에 이르게 됐다.

문제는 정부의 이러한 결연한 의지와 위협에도 불구하고 이를 믿는 국민이 기의 없다는 점이다. 강남집값은 고사하고 신도시와 수도권 전체로 확산되어 가는 집값 폭등으로 인해 지방거주자와 무주택자들의 상실감은 극에 달하고 있다. 다시금 "시장을 이기는 정부는 없다"는 자유주의 경제이론의 진리를 실감케 한다. 백 번을 양보해 아직 정책 실패를 논할 때가 아니라는 옹호론자의 말을 들어줄지라도, 적어도 현시점에서 주택정책의 참혹한 패배는 경제학교과서에 나올 법한 '정부실패'의 대표적인 사례가 아닐 수 없다.

그럼에도 불구하고 부동산 광풍의 책임을 언론과 부동산업 등에게 돌리는 책임불감증 관료들의 자세나 해당분야에 대한 전문성도 없는 정책홍보 담당 관료의 무책임한 발언을 볼 때 이번 부동산정책의 실패가 사이비전문가에서 비롯됐으며 관료에게 요구되는 최소한의 기본적인 자질과 반성을 모르는 책임성의 부재에서 발생된 것임을 확인할 수 있다.

국토개발정책 역시 부동산정책의 실패와 다를 바 없다. 참여정부 제일의 실적으로 기록될 만한 가치가 있던 '지역균형개발정책'이 사실상 휴지조각처럼 구겨질 기로에 서 있다. 정부가 지역균형발전이라는 철학을 가지고 추진한 행정중심복합도시건설, 혁신도시, 기업도시건설 등도 부동산정책 실패의 유탄을 맞아 동반 추락할 지경에 이르렀기 때문이다. 지역균형개발을 통해 지방을 살린다면서도 강남을 대체할 판교신도시를 만들고 제2, 제3의 수도권신도시 개발계획을 밝히는 등 국토개발정책상의 엇박자가 정책당국에 의해 자행되고 있는 것에 지방은 아연실색하고 있다.

더구나 주무부처 장관이 신도시 개발계획을 언론에 급작스레 발표해 집값을 폭등하게 만들어 정부가 오히려 투기 작전세력으로 의심받는 지경에 이르고 있다. 이런 와중에서 지방 혁신도시, 기업도시가 성공할 것이라고 기대하는 이가 얼마나 될 것인가? 지방을 살리기는커녕 오히려 정부가 지방 죽이기에 나서고 있다는 비판이 일고 있는 것도 무리가 아니다. 정부에 대한 불신은 그 책임이 누구에게 있건 간에 자질 부족 이전에 계획가로서의 정신과 자세의 부재에서 초래된 총체적 부실의 결과라는 점을 부인할 수 없다.

정책이 불신을 받는 이유는 간단하다. 그 하나는 정책목표 달성에 대한 압박감과 조급증이 가져오는 정책목표설정의 오류, 정책수단에 대한 환상 그리고 그 결과로 나타나는 미래예측의 오류와 실패이다. 더 중요한 이유는 자질 미달의 사이비 정치지향 관료들이 벌이는 무지와 궤변, 책임회피의 파렴치함에 있다. 단순한 정책 하나라도 이런 오류가 반복되면 그건 정부에 대한 국민의 불신으로 이어진다.

그래서 정부가 무슨 말을 해도 국민들은 믿지 않게 되고 결국 정부는 '양치기 소년'이 되고 만다. 자격이 없는 사이비 전문가와 정치지향의 정책관료들은 입을 닫고 침묵하는 것이 국민 모두를 위해 오히려 바람직하다. 경우에 따라서는 엉터리정책보다 차라리 무정책이 더 좋은 정책이 될 수 있기 때문이다.

자전거 정책의 가치와 비용

이명박 정부가 '저탄소 녹색성장' 정책을 표방하면서 녹색이 사회적 화두로 재차 강조되고 녹색주의 실천을 위한 다양한 전략이 제시되고 있다. 이에 대한 한 방안으로 지방자치단체는 자전거 이용 활성화에 대한 논의와 실천에 발 빠르게 나서고 있다.

1994년 메가리드 헌장은 '개인의 자유와 집단의 특성 존중: 보행·자전거에 우선권 부여, 대중교통수단 중심체계 확립' 등을 주요 의제로 다루고 있다. 또한 1996년 뉴어바니즘 헌장은 대중교통중심개발을 내세우며 '친환경 보행로 조성, 도보권 내에 시설의 배치' 등을 강조하고 있다. 1990년부터 강조되기 시작한 스마트성장도 '보행중심의 네트워크 구축과 자전거 이용자를 위한 네트워크 구상'을 주요 실천과제로 삼고 있다.

한편, 네덜란드의 자전거 교통수단 분담률은 27%로 자전거 이용자 1일 이용거리는 2.5km이다. 덴마크는 자전거 통근비율, 자전거 위험도, 자전거 이용자의 안전의식, 시내 자전거 주행속도, 자전거 이용 중 사상자 수 등 자전거 지표(Bicycle Account)를 2년에 한 번씩 조사하여 정책에 반영하고 있다. 프랑스 파리 시는 2001년 25%인 자동차 이용률을 2020년까지 17%로 줄이고 자전거 등 기타 교통수단 이용률을 75%에서 83%로 높이겠다는 목표를 설정했다.

이런 가치와 적용을 가지고 우리의 자전거 정책을 돌아보면 비교조차 할 수 없이 부끄러운 것이 현실이다. 당시 내무부 주관으로 자전거 정책이 시작된 건 20년도 훨씬 넘었다. 그러나 아직도 정확하고 유용한 통계를 충분히 가지고 있지 못하다. 보도 위에 줄만 긋고 자전거 도로라는 이름을 붙인 채 우린 그냥 시간을 보내왔다. 이렇게 부실한 자료 위에서 얼마나 실효성 있는 정책이 수립될지 의문이다. 그래서 재탕 정책과 충분한 비교 검토 없이 선진사례랍시고 외국 것을 베낀 복사기 정책이 되풀이되고 있다. 멀쩡한 보도를 뜯어내고 자전거도로를 만드는 무지함과 쇼맨십, 이것이 우리 자전거정책의 안타까운 현실이다.

지전기는 고사하고 인간마저 무시되는 우리의 도시, 편리함까지는 아니더라도 안전도 보장받지 못하는 우리 도심에서 누가 자전거를 타라고 강요할 수 있는가? 그러기 전에 무엇보다 정확한 실태조사가 선행되어야 하며 이를 바탕으로 자전거 이용의 안전성을 높이는 데 우선순위를 두어야 한다. 새로 건설되는 도시, 도시 재정비사업 등을 통하여 공간구조를 개선하는 도심에서부터 계획성 있게 보행자와 자전거를 배려하는 인간중심의 도시로 디자인하는 데 중점을 두어야 한다.

모든 것을 일시에 할 수는 없다. 재정 형편, 정책우선순위 등 다양한 측면을 고려하여 도시 전체에 대한 공간계획의 틀을 짜고 순차적으로 그리고 장기적으로 자전거 이용 인프라를 확충해야 한다. 가시적 성과에만 집착하여 멀쩡한 보도를 뜯어내거나 재정부족에 허덕이면서 전시성 자전거 정책을 추진하는 것은 그동안 우리가 해 온 수박에 줄긋는 자전거 정책을 되풀이할 뿐이다.

2007년 시작된 파리의 공공자전거 대여제도 벨리브(Velib)는 이제 세계 제1의 제도가 되었다. 그 바탕에는 자전거를 이용하기에 안전하고 편리한 도로구조 등 인프라가 잘 갖춰져 있다는 사실에 주목해야 한다. 유럽의 도시들처럼 시민의 자발적 이용을 늘리기 위해서는 정확한 실태파악과 인프라의 지속적 확대, 다양하고 편리한 콘텐츠 마련 등 끊임없는 노력이 필요하다.

자전거 타는 시민이 한 명 더 늘어나기를 바란다면 전시행정에서 탈피해 자전거 타는 것이 안전하고 편리하다는 신뢰를 심어 주어야 한다. 그러기 위해선 도시공간구조, 교통신호체계, 보행공간에서 인간중심의 가치와 원칙이 자리 잡아야 한다. 도시계획과 사업현장에서 저탄소 녹색성장의 가치가 충분히 반영되고 관련 법규가 철저히 지켜져야 한다. 허겁지겁 내세우는 당장의 가시적 성과보다 철저한 자료 조사를 토대로 3년, 5년, 10년의 장기적인 안전기반 조성과 활성화 프로그램을 마련해야 한다. 그것이 자전거를 통해 얻고자 하는 가치를 극대화하고 비용을 최소화하는 바른길이다.

제5부

상생(相生)의 길로 가는 공간을 만들자

전문가들이 망치는 도시

　도시는 인간과 자본, 권력이 모이고 이동하는 공간이다. 또 다른 측면에서 보면 도시는 인간의 주거와 생활을 위한 물리적 시설들의 집합체가 들어선 복잡한 공간이다. 그래서 농어촌과 비교할 때, 더 편리하고 현대적인 반면 복잡하고 비인간적이다. 도시에는 권모술수가 넘치고 강한 쪽이 약한 쪽을 제압하는 약육강식의 생존경쟁이 벌어진다.

　이런 도시공간의 모든 것을 사실상 주도하는 세 가지 큰 힘이 있다. 이것들은 시민들을 의사결정에서 소외시키고 국외자(outsider)로 전락시켜 왔다. 자본이라는 힘은 도시를 단순히 수익을 창출하는 도구로 만들었고 도시의 정치권력구조는 지금도 시민들을 소외시키고 무력하게 만들고 있다. 그리고 전문가들은 그들이 가진 우월한 지식과 권한을 무기로 도시를 그들이 구상하는 아이디어 실험장으로 전락시켰다.

　도시는 정녕 시민들의 공간이 아니었던가? 도시가 가지고 있는 상징들 — 초고층 건물, 조급한 개발이 부르는 후유증, 역사적 가치가 있는 건물마저 사라져 가는 현실 — 이런 것들은 결국 개인의 이익만을 좇아 행동하는 시민들의 책임으로 치부할 수 있는가?

그러나 또한 모든 책임을 전문가들에게만 전가하려는 것은 아니다. 시민들이 각자의 책임을 소홀히 하고 권한을 넘겨주었기 때문에 전문가 집단은 시민에게서 책임을 부여받았고 힘을 가진 것이기 때문이다. 우리는 개인적인 면이나 공공의 측면에서 삶의 많은 부분을 자의반 타의반으로 사실상 포기해 왔던 것이다.

당초 도시를 계획해야 한다는 필요성은 도시를 좀 더 깨끗하고 안전하고 더 효율적으로 만들어야 한다는 주장에서 제기되고 정당화돼 왔다. 그래서 효율성, 물질적 이익의 추구, 사회갈등에 대한 염려와 사회개혁에 대한 갈망과 같은 이유들이 도시에서 계획의 위상을 더욱 강화시켜 왔다. 그러나 도시의 건물과 시설을 이들 세 집단에게만 맡겨 두기에는 너무 소중한 우리 공동의 재산이며 우리 후손들이 사용할 생명의 공간이다.

빼앗긴 도시를 되찾자는 것은 도시에서 전문가를 비롯한 이들을 몰아내자는 것이 아니라 그들의 기술을 더 효율적으로 사용하게 만들고 도시의 주인인 시민들이 결정권과 감시권을 더 적절히 발휘하자는 데 있다. 자본, 정치권력, 전문가들에겐 그들 나름대로의 역할을 하도록 만들어야 한다. 그들은 시민들이 판단할 수 있는 유용한 정보와 전문적 의견을 제공하며 심미적인 대안과 자본적·입법적·기

술적 실행 가능성을 높여 줄 수 있다. 바로 그런 기본적인 역할에 충
실하게 해야 한다. 그 이상도 그 이하도 도시와 시민들을 바람직하지
않은 상태로 빠뜨리는 결과를 초래할 수 있으며 이미 우리는 도시에
서 이들 집단이 초래한 폐해들을 뼈아프게 경험했기 때문이다.

자본과 권력, 전문가들이 주도해 온 도시는 전혀 인간적이지 않
다. 계획이 추구하던 안전, 행복과 같은 것이 사라진 지 오래다. 계
획이 가져온 정반대의 결과, 아이러니는 오히려 도시공간에서 시민
을 몰아낸 채 그들만의 독점적인 영역을 단단하게 구축하는 결과만
을 가져왔다. 그래서 난개발을 초래하는 집단과 정면대결을 선언한
시민운동, 역사적 현장마저도 사라지게 만드는 자본과 계획행정의
무책임에 맞서는 내셔널트러스트운동과 같은 움직임들은 시민이 주
인이 되는 도시 만들기를 위한 반성과 새로운 움직임을 알려 주는
척도다.

궁극적으로 정치권력과 자본 그리고 전문가들은 책임을 지지 않
는다. 그들은 모든 잘못을 무지한 시민의 탓으로 돌리고 더욱 규제
를 강화하고 그들만의 영역 속으로 감추려 한다. 그렇기 때문에 우
리의 도시를 전문가들에게만 전적으로 맡겨 두기에는 너무 위험하
다. 이들에게 빼앗긴 도시를 시민들의 품으로 되찾아야 한다.

지역개발의 '분산효과'와 '빨대효과'

경부고속철도 건설의 주무부처인 당시 건설교통부는 고속철이 개통되면 전국이 2시간 생활권에 접어들면서 '탈서울', '중소도시 유턴' 현상이 가시화되고 수도권 인구의 지방 분산과 지방도시의 활성화를 통한 지역 간 균형발전의 견인차 역할이 기대된다고 전망했었다.

당시 철도청도 이른바 서울 엑서더스를 꿈꾸는 고속철도 통근족이 대거 등장해 서울 집값이 절반 가격으로 낮아지고 고속철도 정차역 주변에 내 집 마련 붐이 일어 신주거지가 활성화될 것으로 예상했다. 또한 수도권과 지방도시의 지역 간 연결이 빨라짐에 따라 수도권에 집중된 정보의 흐름이 지방으로 빠르게 전달되어 지역 간 정보격차가 해소되는 기틀이 마련될 것으로 기대하였다. 하지만 KTX가 2004년 4월 1일 개통되자 고속철도가 도시기능의 분산효과보다는 오히려 유동인구를 수도권으로 끌어들이는 일명 빨대효과 현상이 나타나고 있다는 점에 주목할 필요가 있다.

지역개발에서 분산효과는 도시인구 및 기능이 도시 이외의 지역으로 확산 파급되는 현상을 의미하며 많은 연구와 정책에서 지역개발의 정책적 목표의 가치가 되어 왔다. 그러나 이런 기대와는 달리 실제로는 지역개발의 부작용(?)도 심심치 않게 발생하고 있다. 예를 들어 지방 중소도시 활성화 정책은 그 목표에도 불구하고 지역발전의 거점으로서의 기능 강화가 아니라 오히려 지역 내의 또 다른 집중과 인근 농어촌지역이 쇠퇴하는 빨대효과를 초래한 점을 간과해서는 안 된다.

실제로 경부고속철도가 개통되자 오히려 서울의 큰 병원과 쇼핑센터에는 지방에서 온 손님들이 몰리고 있고 부산·대구에서 강남 입시학원으로 통학하는 학생들까지 있다고 한다. 대구·경북연구원이 작년 말 KTX 승객 602명을 조사한 바에 따르면 20%가 '쇼핑하러 다른 도시에 간다'고 응답했다고 한다. 아직 인구 구성 면에서 큰 변화는 나타나지 않는 일시적 현상이라고 볼 수도 있지만 이런 현상이 지속된다면 지방의 돈까지 서울로 쏠리는 소비의 '빨대'현상까지도 나타날 것이 우려된다.

고속철도가 가져온 현상에서 볼 수 있듯이 빨대현상이란 농촌에서 인근 중소도시로, 중소도시에서 대도시로 옮겨가는 이전의 전통적 인구이동 패턴을 무너뜨리고 인구가 곧장 대도시로 이동하는 현상이라고 말할 수 있다. 즉 경제, 문화, 의료, 교육, 문화, 산업 등이 고루 갖추어진 대도시가 주변지역의 인구와 자본을 빨아들이는 현상을 말하며 일시적이든 지속적이든 개발의 부작용으로 나타나는 현상인 셈이다.

정부는 혁신도시, 행복도시, 기업도시 등의 다양한 지역발전 전략을 구사하고 있다. 그러나 KTX가 가져온 분산효과와 빨대효과의 현상에서 볼 수 있듯이 지역에 충분한 생산-소비-문화-위락의 기능이 공존하지 않는 한 '죽 쒀서 남 주는' 공염불에 그칠 취약성을 가지고 있다는 점을 염두에 두어야 한다. 또한 지역균형개발과 지방발전을 위해 추진하는 이런 사업들이 지역 내의 또 다른 집중의 폐해와 불균형을 초래하는 우를 범하지 않도록 각별한 노력이 필요하다.

지정학적 입지 때문에 서울로 출근하는 인구가 40%~60%에 이르는 수도권 도시들도 서울과 신흥지방도시의 틈바구니에서 지역특성에 적합한 정체성과 지속 가능한 발전을 위한 일감을 찾는 일이 중요하다. 위성도시가 가진 '특성 없는 특성'을 가지고는 살고 싶은 정주의식을 불러일으킬 수도 없고 미래에 대한 비전도 제시할 수 없다. 그런 도시는 결국 수도 서울의 블랙홀에 빨려 들고 지방 신흥도시의 위력 앞에 무력해지는 넛 크래커(Nut Cracker)의 신세로 전락할 수밖에 없다.

지역개발은 그 열매를 외부로 뺏기지 않고 적어도 50% 이상을 그 지역에서 흡수할 수 있도록 지역의 종합적 자생력을 기르는 일에 중점을 두어야 한다. 그래야만 지역뿐만 아니라 국가 전체가 지역개발의 진정한 효과를 거둘 수 있다. 그래서 물리적 계획이나 외형에 치우친 개발보다도 지역사회와 인재들에 대한 장기적 투자와 교육을 통해 산-관-학-연-민이 유기적으로 결합하는 지역의 총체적 혁신역량을 기르는 일에 더욱 중점을 두어야 한다. 결국 그 효과는

정부의 지원만으로 이루어질 수 없으면 지역 스스로가 얼마나 노력
하는가에 달려 있다고 해도 과언이 아니다.

소도읍육성계획, 지역에서 출발해야

페이퍼플랜(paper plan)에 그쳐서는 안 된다

소도읍에 대하여는 학술적으로 통일된 개념정의가 있다기보다는 나라마다 도시체계 내에서의 위치나 범위, 정치경제 · 사회문화적 배경에 따라 그 적용을 달리하고 있다. 우리나라에서도 학술적 목적 또는 정책취지에 따라 소도시, 농촌지역, 읍면지역 등으로 그 적용 범위가 일정치 않고 신축적이었다.

2001년 제정된 「지방소도읍육성법」에 의해 소도읍에 대한 법률적 개념은 좀 더 명확해졌다. 즉 동법 제2조 제1항에서는 시 · 군에 설치된 읍 지역 또는 시 · 군에 설치된 면 지역 중 일정 지역에 인구 등이 집중되어 있거나 집중될 우려가 있어 주변 농어촌의 중심거점 지역으로서의 기능 회복 또는 정비가 필요한 지역 중에서 행정자치부장관이 지정 · 고시하는 지역을 소도읍이라고 정의하고 있다.

이 법이 제정될 정도로 문제가 된 것은 그동안 농촌에 대한 온갖 정책적 처방이 효험을 나타내지 못했기 때문이다. 지난 40여 년간 우리나라의 국가발전 전략은 산업적으로는 수출중심, 국토개발은 수도권 및 대도시 중심의 압축 성장전략이었다.

정책적 관심에서 도시에 비해 상대적으로 후순위에 밀린 소도읍들은 이러한 압축적 산업화와 도시화 과정에서 대부분 낙후, 침체되었고 인구, 산업, 문화 등 제반 측면에서 볼 때 쇠퇴하는 경향을 보여 왔다. 국가성장 과정에서 일반적으로 대도시 인근의 소도읍들이 도시개발 및 성장의 영향권에서 연담효과와 파급효과를 통하여 비교적 높은 성장추세를 보인 반면, 농촌지역에 재화와 서비스를 공급해 온 거점인 농촌중심형 소도읍들은 오히려 지속적인 쇠퇴현상을 보여 왔다.

이러한 농촌형 소도읍의 쇠퇴는 산업적으로는 농업, 지역적으로는 농촌지역의 전반적인 침체와 맥을 같이하면서 농촌의 쇠퇴에 영향을 주고 또 농촌쇠퇴에서 영향을 받는 push-pull 관계에 놓여 있다고 볼 수 있다. 이러한 결과, 농어촌의 낙후지역은 인구감소, 생산력 저하, 지역경제기반 잠식, 양질의 교육 문화 복지서비스 등의 기회 박탈, 이촌향도(離村向都)라는 쇠퇴의 악순환의 고리에서 벗어날 수 없었다.

소도읍이 가진 도시적 성격과 농촌적 성격의 복합성 때문에 실제로 정책과정에서 도시와 농촌을 대상으로 한 계획에서 모두 소외되는 아이러니가 지속돼 왔다. 이것은 소도읍의 기능이 제대로 평가되지 못하였고, 소도읍에 대한 정치적 관심의 부재, 소도읍을 본격적으로 육성하기 위한 중앙 및 지방의 추진체제 미비 등에서 비롯된 결과였다.

이러한 상황에서 늦은 감이 있지만 우리나라도 2001년에 「지방소도읍육성지원법」과 시행령이 제정되었다. 그러나 이 법률이 제정됨으로써 지방 소도읍 개발의 일대 전기가 되거나 당장 농촌이 잘사는 곳으로 바뀌리라고 생각하는 사람들은 그리 많지 않은 것 같다. 그 이유는 그동안의 온갖 정책이 가져온 결과, 즉 농촌의 현실이 말해 주고 있다. 도시와 농촌의 격차는 심화되거나 상존하고 있으며 인구를 비롯한 농촌의 쇠퇴현상은 지속되고 있기 때문이다.

소도읍 육성전략은 지방분권화를 촉진한다는 정부의 장기국가전략에 방향이 맞추어져야 한다. 이러한 차원에서 현재 중앙정부와 각 지방자치단체가 추진하고 있는 소도읍 육성사업이 종전의 농어촌 정책과 같이 페이퍼 플랜(paper plan)에 그치지 않기 위해서는 그 적정성과 실현 가능성이 우선시돼야 할 것이다.

앞으로 자본시장의 개방, 정보화 촉진, 생활패턴 및 여가 트렌드의 변화, 지방분권정책의 추진, 남북교류협력 증진 등 복합적이며 예측할 수 없는 많은 변수들은 소도읍의 지역적, 기능적 차별을 더욱 심화시키고 장래의 성쇠에 더 큰 영향을 미치게 될 것으로 전망된다.

한편, 소도읍의 지속적인 쇠퇴는 소도읍 자체뿐만 아니라 배후지인 농촌지역 인구의 쇠퇴로 이어질 위험요인을 가지고 있다. 또한 세계화·지방화 추세와 분권화 시대를 맞이하여 지역의 고유 테마를 가지고 지역발전을 촉진시키는 소도읍의 등장 가능성도 충분히 있다. 그러나 대부분의 소도읍은 성장에 필요한 자체 발전 원동력이 부족하고 외부동력을 흡인할 유인이 부족한 상태이다. 따라서 중앙정부 차원의 특별 지원이 없는 한 독자적으로 획기적인 발전을 하기는 근본적으로 한계를 가지고 있다.

이러한 점 때문에 당시 행정자치부는 지방소도읍 육성사업 10개년 계획에 따라 오는 2012년까지 1조 4천억 원을 투입해 전국 지방자치단체 가운데 테마육성이 가능한 194개 소도읍을 고시한 바 있다. 또 최근에는 향후 3년간 읍당 100억 원씩 지원, 개발사업을 추진키로 하고 1차개발 계획으로 전국 28개 읍을 대상으로 심사위원회를 열고 전라남도 화순읍 등 14개 읍을 선정했다. 이번 선정결과를 분석해 보면 결국 지역균형발전 차원에서 수도권 소도읍보다는 지방소도읍에 대한 정책적 배려가 있었음을 엿볼 수 있으며 그러한 결정은 어느 정도 정책적 타당성과 설득력을 가진다고 할 수 있다.

따라서 지방소도읍 관련법이나 육성전략의 취지를 생각해 볼 때, 지방자치단체는 중앙정부만 쳐다보고 기다려서는 안 될 것이다. 상대적으로 재정여력이 있는 광역지방자치단체는 중앙의 지원에만 기댈 것이 아니라 지역여건과 특성을 고려하여 민자 유치 등 다양한 방법으로 자체개발계획을 수립하고 추진해야 할 것이다.

몇 년이 지난 뒤, 지방소도읍 육성정책의 실효성만 탓할 게 아니라 사기충천한 지역의 의지를 만들고, 지역출신 인재들의 힘과 지혜와 자본을 끌어 모아야 한다. 지방자치단체장도 겉만 번지르르한 행사나 형식적인 간담회 같은 일들을 과감히 버리고 임기 동안 지방소도읍의 발전을 위한 주춧돌 하나라도 놓았다는 평가를 받도록 '진짜 일꾼'이 되어야 할 것이다.

소도읍의 기능과 역할, 기능변화와 전망을 종합적으로 살펴볼 때, 앞으로 소도읍 육성전략은 지역 및 국가발전전력과 효율적으로 연계돼야 하겠지만, 무엇보다도 그 출발은 정부로부터가 아니라 지역에서 시작돼야 하며 지역 주민의 의지를 모으고 북돋우는 일이 우선돼야 할 것이다.

신도시건설, '자족성 신앙'에서 해방되자

이젠 자족성보다 '네트워킹'이다

90년대 초 건설된 수도권 5개 신도시는 88서울 올림픽 후 폭등하는 집값을 잡기 위해 조성됐으나 자족기능을 갖추지 못한 것이 가장 큰 문제점으로 지적돼 왔다. 그래서 이들 신도시가 서울의 '베드타운'이며, 수도권 인구집중과 교통 혼잡을 가중시킨 주범이라는 비난이 끊이지 않았다. 물론 이때도 자족성을 무시한 건 아니었지만 정책우선 순위가 집값 상승 억제와 주택난 해소에 있었으므로 자족성에 대한 정책목표가 다소 경시된 건 사실이었다.

그런데 2000년대 들어서도 정부는 수도권에 신도시를 추가로 조성하고 있으며 경기도까지 소규모 신도시 조성계획을 밝히고 있다. 이대로라면 정부의 지방분권 및 지역균형발전 정책과는 상반되게 수도권의 인구집중과 교통 혼잡 등 도시문제는 더 심각해질 것으로 예상된다. 이런 점 때문에 건설교통부와 한국토지공사도 판교, 동탄, 김포, 동백, 교하 등 수도권에 추가로 개발하는 신도시를 계획 초기부터 자족기능을 갖춘 환경친화적인 도시로 건립한다는 방침을 세웠다.

그러면 왜 신도시에서 왜 자족성(self sufficiency)이 문제가 되는 것일까? 결과론이지만 그동안 건설된 신도시들이 거의 자족성이 결여됐거나 최소한 자족성 부족의 상태인 것만은 부인할 수 없는 사실인 까닭이다. 그러나 현실적으로도 이러한 요건을 모두 갖춘 신도시를 만들기란 쉽지 않다. 처음부터 신도시로 계획되었다 하더라도, 개발 초기에 이러한 요건들이 모두 만족되기는 사실상 어려우며, 신도시가 말 그대로 독립성을 가진 신도시인가 아니면 기존 도시의 확장도시 성격을 가진 신시가지인가에 대한 이론적 논쟁도 계속돼 왔다.

도시의 성장과정과 발전에 관한 이론을 따를 때, 자족 도시는 '도시인구규모에 적합한 경제활동과 도시기능을 보유하고 도시기반시설을 확보함으로써 성장잠재력과 활력이 있는 도시'라고 정의할 수 있다. 자족성의 의미와 요구되는 정도는 나라마다 다르며, 규모와 입지여건에 따라서도 달라진다. 자족성은 형식상-기능상 요건을 충족하여야 하는데 형식상 자족성은 독립된 행정구역과 행정기구를 갖는 것이며 기능상으로는 지역 내에서 재정자립, 산업기반, 일자리 등을 충족해야 하는 경제적 독립성을 갖추는 것이다.

그런데 도발적인 질문이지만 자족성은 전근대적인 도시이념이 아닐까? 좀 더 구체적으로 말하자면 이젠 '자족성의 신앙'에서 도시를 자유롭게 해방시켜 줄 때가 아닌가 싶다. 물론 도시로부터 자족성이

라는 이념적 가치와 당위성을 박탈하자는 얘기는 아니다. 그런데 현
실적으로 그토록 강조되던 도시의 자족성이 왜 만드는 신도시마다
확보되지 않는 것일까? 영역과 행정기구 같은 형식적 자족성은 금방
갖추고 시작할 수 있는 것이지만 재정자립, 산업기반, 일자리와 같
은 기능적 자족성을 당장 갖추기란 불가능에 가깝기 때문이다. 이런
현실적인 문제를 고려하지 않고 자족성의 신앙에만 매달려 있으니
비판이 끊이질 않는 것이다.

도시는 일종의 유기체라고 할 수 있다. 그것은 형식적 영역과 지
리적 경계를 넘어 사람과 상품, 자본과 정보가 넘나드는 열린 공간
이다. 근대화와 산업화 시대를 멀리 보낸 정보화 시대에서 공간의
폐쇄성과 독립성, 경계와 영역의 고착성은 퇴색하고 있다. 이미 실
시간 정보교류 등 모든 영역에 걸쳐 탈시간-탈공간의 도시-지
역-국가 간 이동과 교류가 빈번해지고 있음은 주지의 사실이다. 그
렇다면 자족성을 대체 또는 보완하는 도시목표를 이젠 '네트워킹
(networking)'으로 정할 필요가 있지 않을까? 물론 도시마다 교과서
이론대로 자족성을 완벽하게 갖춘다면 더할 나위 없겠지만 그것만
이 반드시 바람직한 도시의 모습은 아닐 수도 있다.

도시는 수직적·수평적 연계선상에서 기능의 보완과 상호 교류와
협력이 이뤄지는 기능상의 네트워킹을 하고 있다. 자족성을 완벽하
게 갖추고 자기들끼리 폐쇄적으로 사는 그런 독립된 별개의 도시가
아니라 부족한 기능은 다른 도시로부터 보충받고 잉여기능을 다른
도시로 공급해 주는 '보충성과 잉여의 원리와 기능'이 훨씬 기능적

으로 도시의 본모습에 가깝고 인간적이며 아름다운 미래 도시의 모습일 수 있다.

조금 방향을 돌려 철학 얘기를 해 보자. 철학에서 말하는 '온 생명'의 핵심은 독립성과 자족성인데 이것이 바로 서양 근세철학에서의 '실체'와 유사한 것이다. 실체란 '존재하기 위해 자신 외에는 다른 것이 필요 없는 것'으로 정의된다. 데카르트가 말한 정신과 물질이란 2종의 실체도 그 정의상 서로 교통할 수 없고 라이프니츠가 말한 '단자'도 모두 실체이므로 서로 교통할 수 없다고 보고 있다. 이 절대적 자족성은 그 정의상 다른 것에 의존적일 수 없다. 그러나 온 생명의 논리적 귀결은 스피노자가 말한 무한실체로서의 '신'이다. 거기서만 절대 자족성을 완성할 수 있고 우리는 그것을 '일자(一者)'라고 부른다. 즉 완벽한 자족성을 가진 절대적 일자는 신밖에 없다.

다시 도시공간을 말해 보자. 철학에서처럼 우리 도시공간에서도 완벽한 자족성을 가진 도시가 과연 존재할까? 아니 존재하는 것이 과연 바람직할까? 교과서적인 대답은 "존재해야 한다. 그렇게 만들어야 한다"겠지만 우리 도시의 변화과정과 앞으로의 발전과정을 염두에 두고 좀 더 거시적인 시각에서 도시를 바라보자. 그 존재 여부나 실현 가능성을 따져 볼 때 신도시가 반드시 이론적으로 완벽한 자족성을 갖추어야만 한다는 데 완전히 수긍하기 어렵다. 이젠 신도시도 그러한 교과서적인 도시이념과 강박관념에서 좀 더 자유로워질 때가 왔다.

그렇다고 도시를 아무렇게나 만들자는 얘기는 아니다. 도시가 갖추어야 할 다양한 기능을 최대한 살리되 현실적으로 갖추지 못할 기능에 집착 말자. 구호에 그치는 자족성, 명목상의 자족성은 오히려 신도시 입주 주민들에게 배신감과 짜증만 줄 뿐이다. 수도권 신도시는 어차피 수도 서울과 인근도시 간의 연계성을 염두에 두는 발상이다. 그렇다면 인근 도시에서 기능상 부족함을 흡수·보완하는 도시 네트워킹에 좀 더 관심과 정책적 연구노력을 기울여야 할 때다.

신도시의 자족성은 모도시, 기존 도시, 인근도시와의 지리적 기능적 연계성과 연담화, 교류 가능성 등을 충분히 고려해야 한다. 교통 통신 특히 인터넷 인프라의 구축은 이런 도시네트워킹의 필요성과 중요성을 더욱 높일 것이고 각 도시들에게서 부족한 자족성을 보완·보충하는 새로운 대안으로 부상하게 될 것이다. 향후 신도시건설이나 광역도시계획, 국토계획도 도시 간, 지역 간 네트워킹에 좀 더 관심과 초점을 가지는 혁신적 발상이 필요한 때다.

수도권 신도시와 택지개발, 정책상충성은 없는가?

90년대 초 수도권 인구 증가와 주택부족문제가 심각해짐에 따라 수도권 주택공급을 목표로 수도권 신도시가 조성되었다. 그러나 이들 5개 신도시가 주거기능 위주로 조성됨에 따라 자족시설 및 공공 편의시설 등이 미흡하여 주민 불편, 교통 체증, 그리고 서울의 공간적 외연 확산 등에 대한 비판론이 대두되었고 따라서 정부는 그동안 신도시 추가 건설에 소극적인 입장을 보여 왔다.

그 대신 정부는 소규모 택지의 분산적 개발과 준농림 지역의 개발을 유도하였으나 이 역시 교통, 환경, 교육 등 기반 시설의 부족과 비용부담 문제 등 여러 가지 심각성을 야기하고 수도권 외곽지역의 난개발 등 부작용을 초래하게 된 것을 부인할 수 없다.

이에 따라 정부는 2003년 9월 향후 10년간 장기공공임대 주택 150만 호의 건설계획을 발표하고 이를 위해 택지의 분산개발을 지양하고 수도권에 3~4개의 신도시 개발을 추진하게 되었다. 그러나 정부의 지방분권 및 지역균형발전 정책과의 상충성 문제가 제기되

고 환경훼손, 수도권 인구집중, 교통 혼잡, 지역 균형발전 저해 등의
이유로 일부 지역 주민들과 시민단체의 반대에 부딪치고 있다.

따라서 정부가 수도권에 추가로 건설하려는 신도시와 대규모 택
지개발은 과거의 문제점을 되풀이해서는 안 된다는 정책상의 반성
에서 출발해야 한다. 무엇보다도 참여정부가 전력을 투구하여 추진
하고 있는 지방분권, 지역균형발전이라는 두 개의 큰 화두에서부터
논점을 시작해야 한다. 행여 수도권 신도시 추가 건설이 지방분권과
정부 및 공공기관의 지방이전, 기업체 지방이전 등의 정책과 상충되
지는 않는지, 두 개의 상반된 정책 간에 일관성의 딜레마는 없는지
이념과 목표, 가치에 대한 재점검과 평가가 이루어져야 할 것이다.

그것은 각종 규제정책에도 불구하고 수도권으로의 인구와 경제
집중은 지속되고 있다는 점이 말해 주고 있다. 또한 경부고속철도가
기대했던 인구 지방분산보다는 오히려 수도권 접근성을 향상시켜
수도권으로의 유동인구 증가와 인구집중을 가져올 수 있다는 우려
가 이미 나타나고 있다. 더구나 선행연구들은 기존 수도권 신도시의
구성 인구 중 10% 이상이 수도권 내의 이동이 아닌 지방인구의 유
입분으로 밝혀지고 있어 수도권에 추가로 건설될 신도시가 수도권
인구의 집중을 어느 정도는 조장하게 되리라는 것은 쉽게 짐작할 수
있다.

그렇다면 수도권 신도시 추가건설이 정부의 이러한 주장과 어떻
게 연결되며 설명될 수 있는 지 국민을 이해시키는 일 또한 선결해

야 할 과제 중의 하나다. 이런 차원에서 혹시 수도권 신도시 추가건설이 신행정수도 건설에 대한 수도권의 우려와 반발을 무마하려는 보상전략의 일환에서 이루어지는 고도의 정략적 정책이라면 그것은 문제해결의 근본적 접근이 될 수 없으며 어떠한 이론적 타당성을 제공해 줄 수 있지도 않다는 점을 분명히 알아야 한다.

즉 거시적으로는 지방분권 정책과 수도권 신도시 추가건설이 정책적 상충성이 없다는 논리적 근거를 제시하고 그 타당성에 대해 비수도권과 수도권 모두에게 인정받아야 할 필요성이 있다. 그리고 나서 기존 신도시 건설의 문제점과 교훈을 정책에 반영하는 것이 제대로 된 일의 순서다.

'기업도시', 지역혁신의 차원에서 접근해야

전경련이 일자리 창출을 위한 아이디어의 하나로 '기업도시(company city)' 건설 방안을 제시했다. 기업도시는 지난해 전경련과 한국건설산업연구원이 지역균형발전과 주택가격안정을 위한 대안으로 제시한 바 있으며 경제계와 학계에서는 이미 오래전부터 구상해 왔던 내용이다.

기업도시는 일반적으로 '기업이 직접 개발주체(developer)가 되어 공간개발을 추진함으로써 기업활동의 효율성을 극대화하는 도시'를 말한다. 더 나아가서는 개발주체의 문제를 넘어서 '하나 또는 소수의 기업체가 지역경제에 압도적 또는 독점적 영향력을 점하면서 그 지역과 경제·정치·사회·문화적으로 동질화되어 긴밀하게 상호작용하는 지방(중소)도시'를 의미한다고 할 수 있다.

기업은 지역의 존망과도 직결될 정도로 지역경제에 큰 영향을 미치고 있다. 울산시의 경우 현대 계열사가 지역경제에 차지하는 비중은 생산 측면에서 전체 생산력의 40%, 고용과 지역 총수출의 60%

정도를 차지하고 있다. 그래서 지방자치단체들은 인허가 절차 간소
화, 공장설립지원 등 행정 시스템 개혁과 공격적 서비스로 '기업하
기 좋은 지역'임을 내세우며 기업에 대한 적극적인 홍보와 유인책을
경쟁적으로 펴고 있다.

노무현 정부가 지역균형발전 차원에서 구상한 지방 미니신도시,
혁신도시 등과 관련해서 기업도시가 새삼 주목받았다. 그러나 삼성
전자가 아산 탕정에 조성하려던 기업도시는 관련 부처의 반대로 그
규모가 대폭 축소된 적이 있다. 그렇다면 이건 기업도시가 아니라
산업단지 수준에 불과하다. 관료주의의 시각과 잣대로 통제하고 있
는 이러한 현실을 고려해 볼 때 기업도시가 과연 제대로 만들어질지
걱정이 앞선다.

물론 기업도시는 정부나 기업 어느 일방의 편협한 시각이나 주장
에 따라 추진돼서는 곤란하다. 그것은 기업도시가 한 지역을 기반으
로 하며 지방자치단체의 존망을 좌우할 정도로 지역의 미래에 중대
한 영향을 미칠 수 있기 때문이다. 따라서 기업도시는 계획단계에서
부터 지방자치단체와 지역주민의 참여가 보장되어야 한다. 지역과
기업 그리고 정부가 함께 머리를 맞대고 지역 발전, 고용 창출, 산업
발전 등 민관협력 시스템을 구축하고 장기적인 지역 혁신 프로그램
을 만들어 가야 한다.

무엇보다도 중요한 것은 정책담당자들과 지방자치단체가 기업도
시를 단순하게 공간적 차원에서만 보고 접근하지 말라는 것이다. 지

방기업도시는 단순한 생산 – 고용 – 소비 차원의 경제 순환적 접근이 아니라 기업의 서비스 정신과 도전정신을 지역의 공공시스템 내부와 공무원, 지역 주민들의 의식구조를 개혁하는 모티브로 받아들여야 하는 점에서 중요한 의의를 가진다. 또한 이를 계기로 지역 혁신과 지역발전을 추스르는 내부혁신 동력이 되도록 연결시키는 것이 가장 중요하다는 점을 간과해서는 안 된다.

기업도시가 정책담당자들의 혁신적 마인드 없이 추진된다면 마구잡이식 벤처단지조성이나 비어 있는 지방공단과 지방산업단지의 전철을 되밟는 '어리석은 정책'의 대명사가 될 소지가 크다. 기업도시뿐만 아니라 모든 정책은 중앙정부와 지방자치단체의 정책 담당자들이 어떤 인식과 시각을 가지고 있는가에 따라 이미 성공과 실패가 정해져 있는 것이다.

공공기관 지방이전 부지를 도심 공간 활용의 새로운 모델로 만들자

　정부가 국가균형발전위원회 및 국무회의 심의를 거쳐 수도권에 있는 176개 공공기관을 수도권과 대전을 제외한 12개 광역시·도로 분산 배치하는 방안을 발표했다. 따라서 수도권 지방자치단체에서는 이전하는 공공기관의 토지와 건물을 어떻게 활용할 것인가 하는 문제가 주요 쟁점으로 대두되고 있다.

　당초 정부는 이전 기관의 토지를 상업지나 주거지로 용도 변경하여 매각하고 이전비용으로 충당하려는 구상을 하였으나 지방자치단체들이 용도변경 절대 불가라는 입장을 고수하고 있어 난관에 봉착해 있다.

　그러나 현실적으로 지방자치단체가 해당 부지에 대한 용도변경을 무조건 반대하는 것이 진정 바람직한 것인지에 대해서도 다시 생각해 볼 필요가 있다. 무조건 반대만 하는 식으로 대응하는 것은 자칫 '꿩도 잃고 매도 잃는' 결과가 초래될 수 있다. 이제는 각 지방자치단체가 이전 부지 활용에 대한 장기적이고 다각적인 방안을 마련해야 할 때다.

　지방자치단체가 지금 해야 할 일은 공공기관이 있을 때보다 더 큰 효과를 내도록 부지 매입비용 마련과 활용에 대한 묘안을 짜내는 것이다. 가장 현실적이고 바람직한 방법은 지방자치단체가 부지를 매입하여 그 지역에 가장 적합한 용도로 활용하는 것이다. 그러나 천문학적인 매입비용을 지방자치단체가 일시에 부담하기란 현실적으로 불가능하다는 데 문제가 있다. 따라서 일부 부지는 정부안대로 용도변경을 해 주되 일부는 지방자치단체가 매입하여 활용하는 절충 방안도 모색해야 한다.

　현행 정부기관 부지의 경우는 현행 국유재산법에 감정가에 의해 5년 분할 납부가 가능하도록 규정되어 있다. 지방자치단체가 매입할 토지에 대해서는 이 규정을 공시지가로 산정, 10년 분할 납부, 이자 감면 또는 무이자 등을 골자로 하는 입법특례가 필요하다. 또한 부지 매각 시 광역자치단체인 서울시와 경기도는 취·등록세(3.5%)와 농어촌특별세 및 교육세(0.3%) 등 약 3.8%의 수입을 얻는다. 이 수입은 전액 해당 시·군·구에 시책보전금으로 지원해서 지방자치단체의 부담을 조금이라도 덜어 주어야 한다.

　대부분 지방자치단체가 희망하는 대로 첨단기업 등 지식기반산업을 위한 연구 및 생산시설로 활용할 수 있기 위해서는 수도권 규제 문제에 대한 검토도 필요하다. 무엇보다도 지방자치단체가 기업 유치를 위해 발로 뛰는 마케팅에 적극 나서야 한다. 양호한 기존 건물은 최대한 활용하여 수도권에 부족한 학교 등 공공시설로 활용하는 것도 바람직한 대안이 될 수 있다. 공공기관 이전 부지와 건물을 공공기관＋학교＋공원이 공존하는 도심 공간 활용의 새로운 모델로 정립하는 좋은 기회가 되도록 지혜를 짜보자.

그러기 위해서는 지역별로 공공기관의 지역경제 기여도에 대한 객관적 검증이 선행되어야 한다. 무조건적인 이전 반대나 푸념보다도 현재의 기여도 이상의 성과를 거둘 수 있도록 활용 방안을 마련하는 것이 바로 지방자치단체가 할 몫이다. 공공기관이 떠난다고 수도권이 바로 망하는 것이 아니다. 지역사회가 함께 노력한다면 공공기관 이전 부지를 부족한 도시적 토지용도로 활용함으로써 오히려 수도권의 지역경제 활성화, 주민 복지와 삶의 질 향상을 가져오는 도시역전의 기회로 삼을 수 있다.

공공기관 이전부지의 활용은 해당 기관, 지방자치단체, 지역 주민 모두에게 이익이 되는 방향으로 추진하되, 토지이용·공간구조의 효율적 활용도 고려하면서 궁극적으로는 수도권의 경쟁력을 제고시키는 방향으로 결정되어야 하는 것이 대원칙이다. 이 원칙에 따라서 지방자치단체가 양보할 것은 양보하고 정부도 지원할 것은 지원하는 협력과 지혜의 모범을 보여야 할 때다.

도시개혁의 새로운 패러다임을 만들자

수도권 기업 지방이전, 지역혁신의 기회로 삼아야 한다

수도권기업의 지방이전을 둘러싸고 수도권과 비수도권 간의 갈등
이 깊어지고 있다. 비수도권은 이것이 지역균형발전과 지역격차를
해소할 수 있는 기회로, 수도권은 국가경쟁력 약화를 초래하는 위기
로 인식하고 성명전을 펼치며 대립각을 세우고 있다.

수도권 기업들이 수도권의 발전은 물론 국가경제성장을 이끌어
온 견인차였음은 분명한 사실이며 아울러 수도권으로의 인구와 기
업집중으로 인하여 유발된 도농격차의 심화와 수도권집중의 폐해
역시 국가적 해결과제로 대두되었다.

그래서 정부는 이미 1964년에 '대도시 인구 집중방지책'을 통하
여 서울의 집중억제 정책을 시도하였으며 이러한 수도권집중억제정
책은 그 범위와 한계, 강도의 차이는 있지만 지금까지 일관되게 견
지해 온 정책의 기조였다.

이러한 규제정책의 와중에서도 수도권이 가진 시장성, 정보와 기술환경, 인력수급의 원활 등 '시장의 힘'이 이끄는 기업의 수도권 선호추세는 정책규제로 막기에는 한계가 있었으며 이 과정에서 일부 대기업을 중심으로 지방이전 등 탈수도권 현상이 생겨난 것 또한 동시적으로 진행된 현상이었다.

Markusen의 이윤주기(profit cycle)에 따르면 기업은 장기적인 성장 과정을 통해 각기 다른 공간입지 성향을 보인다. 집중(concentration) – 집적(agglomeration) – 분산(dispersion) – 재입지(relocation) – 장소포기(abandonment) 등으로 특징되는 시기별 기업의 공간선택은 우리나라의 경우, 수도권 규제정책과 같은 정책에도 영향을 받으며 시장의 변화, 기업환경의 변화, 기업에 대한 인식 변화 등 다양한 요인에 의해 영향을 받았다고 볼 수 있다.

실제로 수도권의 여러 도시에서 많은 기업들이 주거지개발 수요에 밀리고 공해, 소음, 분진 등을 발생한다는 이유로 지방자치단체와 주민들에게 밀려난 경우도 비일비재하다. 공장이 자리 잡은 터 옆에 지방자치단체가 택지를 개발하고 주거지를 조성하면서 주민들이 공장이전을 요구하는 민원을 제기하면 지방자치단체는 이를 빌미로 기업을 몰아내고 인구를 늘려 지역의 외형적 성장을 유도하는 정책을 펴온 것 또한 사실이다.

그럼에도 불구하고 요즘 모든 것을 정부의 정책 탓으로만 책임을 돌리고 기업이전 현상을 호도하는 본질왜곡의 풍조가 만연하고 있음은 문제해결을 위해 바람직하지 않다. 앞서 언급한 바와 같이 수도권기업의 지방이전은 실재하는 현상이며 이러한 추세가 시장경제 원리를 따라 벌어진 필연적 부분을 제외한다면 그 원인제공의 몫은 정부뿐만 아니라 수도권 지방자치단체와 주민들도 책임을 공유해야 한다.

또한 수도권기업의 지방이전 지원정책이 마치 수도권기업 전체를 강제로 지방으로 이전시키는 정책으로 호도되거나 오해하는 잘못된 인식을 바로잡는 것이 지방자치단체와 주민이 상황을 제대로 판단하고 올바르게 대처하는 지름길이다.

기업이 이전한 부지에 수도권에 적합한 지식기반산업을 유치하거나 아파트형 공장을 건립하여 도시형 첨단산업을 육성하거나, 부족한 학교용지와 주민 삶의 질을 높이는 휴식공간을 조성하는 등 부지 활용 방법의 선택과 노력은 이제 지방자치단체의 몫이다. 그동안 지역기업에 대해 비협조적인 지역풍토와 반기업적 정서를 바꾸는 자기반성과 노력 또한 필요하다.

아울러 웰빙 라이프, 주 5일 근무, 레포츠 생활 및 문화여가에 대한 관심증대 등 라이프스타일(life style)과 생활 콘텐츠(contents)의 변화에도 주목할 필요가 있다. 이러한 산업 외적 변화의 트렌드(trend)와 패러다임(paradigm)은 이미 오래전부터 지역산업의 구조적 혁신 필요성을 예고해 왔다.

이러한 추세에 따르면 앞으로 지역의 주력산업은 제조업이 될 수도, 서비스산업이 될 수도 있다. 그래서 미리 이러한 흐름에 대응하여 지역의 주력산업도 제조업중심 산업기반에서 지식기반산업 내지 문화관광산업이나 서비스 산업 중심으로의 구조적 전환 노력을 기울여 온 수도권 지방자치단체들도 있다.

그 원인이 정책이건, 산업환경의 변화이건 간에 기업체의 지방이전은 수도권 지방자치단체장과 주민이 지역을 얼마나 사랑하고 미래를 준비하는지 판가름하는 중요한 시험대가 될 것이다. 즉 그 노력 여하에 따라 위기도 되고 기회가 될 수도 있다.

수도권 지역들은 이를 계기로 지역산업재편과 공공재정 및 행정 서비스체계의 구조조정, 공무원과 주민들의 지역발전역량에 대한 심기일전 등 앞으로 다가올 세기를 준비하는 지역혁신의 전기로 삼아야 한다.

지방발전 없이 국가경쟁력도 없다

　지방자치의 그동안의 궤적을 돌아볼 때 지방자치는 '절반의 성공, 절반의 실패'라는 평가를 받고 있다. 외형상으로는 거의 모든 구색을 갖추고 있으나 지금도 중앙정부나 지방정치인 모두 지방자치의 본질적인 가치와 내용에 대한 제대로 된 이해가 부족한 실정이다. 그래서 아직 중앙집권적 지방자치제도의 굴레를 벗어나지 못하고 있다.

　민선 지방자치의 성과는 무엇보다 뿌리 깊은 관료주의 행정이 주민 중심의 서비스행정, 책임행정으로 바뀌고 있다는 점이다. 또한 중앙의 잣대가 아닌 지방 스스로의 자기 이해와 시각으로 지역특성에 맞는 창의적이고 효율적인 행정 실험과 도전이 이루어지고 있다는 점이다. 물론 개선해야 할 문제점도 많이 드러났다. 지역이기주의와 지역갈등의 심화, 지역불균형의 악화, 지역경제와 지방재정의 취약성, 지방정치인들의 도덕적 해이, 패거리 지역주의의 형성 등 나열할 수 없을 정도이다.

그러나 이러한 부작용에도 불구하고 민선지방자치의 성과는 어떠한 이유로도 폄훼되거나 그 본질적 가치가 훼손받아서는 안 된다. 현재 나타나고 있는 지방자치에 관한 제도와 실태의 제반 문제점들은 궁극적으로 시행과정에서 불가피하게 나타나는 부산물이며 민주사회로 발전해 나가는 과정에서 치러야 할 피할 수 없는 대가이기 때문이다.

이제 우리 지방자치는 새로운 도약을 위해서 몇 가지 방향에 초점을 맞추어 혁신이 필요하다. 지방의 발전 없이는 국가의 경쟁력도 미래도 없으며 중앙정치와 민주주의도 궁극적으로는 지방자치의 착근을 통해서만 이루어질 수 있기 때문이다.

첫째, 제도적·실질적 지방분권이 차질 없이 이루어져야 한다. 분권 없는 자치는 허울뿐이며 지방자치의 문제는 대중(對症)적·단발적 처방이 아니라 본질적으로 지방자치단체의 자치권 확대를 통해서만 이룰 수 있다는 인식과 자세가 필요하다.

둘째, 지방자치의 본질에 대한 정확한 이해가 필요하다. 우리 지방자치는 국가와 따로 노는 항거적인 의미의 지방자치가 아니다. 국가와 지방자치단체는 국민복지와 국가발전이라는 공동목표를 추구하는 협력체이며 따라서 지방자치단체가 보다 국가 전체를 고려하는 인식과 협력적인 공생과 조정의 파트너십을 갖추는 것이 필요하다.

셋째, 장기적·통합적 안목의 새로운 틀을 짜야 한다. 날로 치열해지는 국제경쟁을 고려할 때 우리 지방자치의 중복, 낭비, 비효율, 종합성의 부족 등 문제점은 반드시 제거해야 할 문제점이다. 지금과 같이 230개 이상의 소규모 지방자치단체의 구역, 3계층제가 과연 적합한지에 대한 시급하고 진지한 논의가 필요하다.

넷째, 지방정치인에 대해 보다 강화된 도덕적 가치기준과 엄정한 적용이 필요하다. 지방분권과 본질적인 지방자치의 권한 확대가 검토되고 있는 마당에 지방정치인들이 지역의 생존과 미래에 미칠 영향은 더 높아질 것이다. 이런 점에서 능력 없고 부패하거나 도덕적 결함이 있는 사람들은 지방자치의 근처에 얼씬거리지 못하도록 선거법 등 제도적 장치를 보완하고 시민사회가 철저히 감시에 나서는 것이 필요하다.

이제 실험만 하고 있을 때는 지났다. 지난 공과를 엄정하게 판단하여 버릴 것은 과감하게 버리고 부족한 점을 보완해서 새롭게 도약할 때다. 새로운 한국, 그 출발점은 지방이다.

제6부

미래를 위해 차분히 준비하자

지방자치구조에도 근본적인 개혁이 필요하다

개혁 논의, 일류국가 도약의 전환점으로 삼아야

정부가 지방자치구조 개혁을 위해 나섰다. 행정자치부는 첫째 자치기반이 취약한 인근 시·군을 단순 통합하는 방안, 둘째 좀 더 광범위하게 시·군을 통합해 '인구 50만 명 이상, 면적 300만㎢ 이상'인 특례시나 인구 30만 명 이상인 지정시를 만드는 방안, 셋째 도와 시·군의 사무를 명확히 구분하는 기능분리방안, 넷째 전국의 자치단체를 광역·기초 구분 없이 적정규모의 광역자치단체들로 재편하는 기능통합방안 등 몇 가지를 놓고 검토하고 있다.

이러한 개선방안에 대하여 도와 해당 지역은 이해관계에 따라 엇갈린 반응을 보이고 있다. 거명된 기초자치단체는 도의 간섭과 통제에서 벗어나 자율행정을 펼 수 있다는 기대감에 환영하는 모습이나 광역단체들은 반대 연대화를 모색하고 있다. 그러나 이러한 반응이 이번 개편안을 추진하는 판단기준이 될 수는 없다.

우리나라 행정구역의 적정성에 대한 논쟁은 오래된 일로서 1967년 대한지방행정협회의 연구에서 행정구역 적정규모에 관한 대안이 제시되었고 일본의 제도를 도입한 특례시·지정시도 이미 제시됐던 방안 중 하나이다. 그럼에도 이 문제가 방치돼 왔던 것은 불이익을 우려한 정치인과 관료들의 무관심 때문이다.

그러던 중 1995년 단체장 직선을 앞두고 시·군 통합방식으로 도농복합시를 출범시키는 건국 이래 최대의 자치구역 개편이 있었다. 이때 정부가 내건 통합시 추진의 목표는 행정비용 절감과 재정상태 개선, 광역행정의 효율적 수행, 도농균형 발전, 지방자치단체의 경쟁력 강화 등이다.

그러나 이 개편은 충분한 연구와 준비 부족 상태에서 단체장 직선을 앞두고 조급하게 이루어졌고 우리는 그때 지방자치계층구조의 근본 틀을 바꿔 효율성과 경쟁력을 갖춘 지방자치시스템을 마련할 수 있는 절호의 기회를 놓쳤다. 그래서 불과 6년이 지난 지금 다시 개편론이 고개를 들고 있는지 모른다.

정부가 구상 중인 개편방안은 현재의 지방자치제도가 문제가 있다는 반성에서 출발하고 있다. 일제강점기인 1914년부터 시작된 현 자치행정 계층구조와 범위는 디지털시대, 무한국가경쟁시대에 걸맞지 않는 분명 낡은 시스템이다. 이런 시스템 위에서 시작한 우리 지방자치의 열악한 지방재정문제, 중복투자로 인한 예산낭비문제, 지역이기주의와 지역대립의 심화 등 고질적 병폐를 더 늦기 전에 수술해야 한다. 지방자치의 계층구조 및 자치구역 개편안을 마련하고 있는 정부의 정책은 국가의 생존이 걸린 문제이며 강력히 추진해야 한다.

아울러 기왕에 개혁을 하려면 국가경쟁력을 높이는 전략적 목표에 입각하여 추진해야 하며 지방자치계층구조에 대한 수술을 통해 낭비·비능률 요인을 제거해야 할 것이다. 공공부문 개혁은 일용직·고용직을 자르는 식으로 '무늬만 구조조정'을 했다고 달성되는 것이 아니라 계층구조, 자치구역 등 지방자치의 근본적 시스템 개혁을 통해 완성할 수 있기 때문이다.

시·군 통합은 우리나라에서 이미 시행했으나 이것이 지방자치의 근본 틀을 바꾸는 최적안은 아니라는 점이며, 일본의 제도를 원용한 지정시·특례시도 장단점에 대한 논란이 있다. 그래서 이런 목표에 가장 부합되는 방안이 바로 도와 시·군 기능을 통합해 전국을 적정 규모의 광역자치단체로 재편하는 기능통합방안이다. 따라서 이번 논의가 단순히 행정구역 개편에 그치지 않고 지방자치와 선거제도 등에 대한 근본적 개편으로 이어져 일류국가로 도약하는 경쟁력 확보의 전환점으로 삼아야 한다.

행정체제 개편, 주민본위와 지방분권을 통한 경쟁력 제고에 초점을 맞춰야

　우리나라의 지방행정체제는 지방자치의 실시와 교통통신의 발달, 국제경쟁시대 도래 등 내·외부 환경의 급속한 변화를 거치면서 효율성의 문제가 계속 제기돼 왔다. 따라서 그동안 정부, 정치권, 학계를 중심으로 지방행정체제의 개편 필요성에 대한 논의가 계속돼 왔다. 더구나 이명박 대통령이 금년 8·15 경축사에서 정치선진화를 위해 선거제도 개편과 함께 행정구역 개편 추진 의사를 밝힘에 따라 행정구역 개편에 대한 논의가 한층 탄력을 받을 것으로 예상된다.

　한편, 대통령 발언 이후 일부 단체장들이 일방적으로 상대 지역과의 통합을 제안하거나 민의를 묻지도 않은 상태에서 합의발표를 하는 등 지방자치단체가 혼돈과 갈등에 빠져들고 있다. 앞으로도 지방자치단체 간의 이해득실이나 정치적 입장, 주도권 선점 등을 염두에 둔 아니면 말고식 제안 또는 논의가 외형상으로 활발해질 것으로 보인다.

　그러나 행정체제 개편 특히, 행정구역 개편 문제는 정당, 국회의원, 지방자치단체장은 물론 폐지가 거론되는 광역자치단체의 입장이 각

기 다르다. 각 지역에서 '토착 권력'의 기득권을 누려 온 공무원, 지방의
회, 관변단체는 물론 일부 시민단체들까지도 기반 상실에 대한 우려 때
문에 입장이 제각각인 경우가 대부분이다. 따라서 이러한 기득권층의 이
해득실 계산에 따라 향후 전개될 통합논의가 영향을 받을 소지가 크다.

오랜 세월을 중앙정부는 도시화된 지역의 분리 승격 등 '자리 만
들기' 의혹을 받아 온 시군 분할 방식의 행정구역 개편을 주도해 오
다가 갑자기 입장을 바꾸게 되었다. 따라서 주무부처는 먼저 행정체
제개편 문제에서 보여 온 철학부재를 겸허히 반성하고 정책의 원칙
과 방향성을 확고히 정립해야 한다. 더구나 지방선거를 채 1년도 남
기지 않은 시점에 이를 성급하게 추진한다는 것은 아무래도 설득력
이 떨어지고 그 후유증을 우려하지 않을 수 없다.

시군 통합과 행정체제 개편 문제는 그동안 개발 불균형, 재정자립
도, 효율적인 토지이용 등 여러 가지 측면에서 불가피성이 제기돼
왔으나 국민적 공감대 형성 노력을 도외시한 채 논의만 무성했었다.
더구나 최근에 정부는 물론 일부 정치권과 지방자치단체가 문제를
너무 안이하게 보고 성급하게 밀어붙이는 경우가 발생하고 있어 지
역 간, 지역 내 갈등 증폭이 우려되는 상황이다. 그러나 시군통합은
정략적 합의나 하향식 추진만으로 이루어지는 것이 아니고 주민투
표 등 절차를 거쳐야 하는 복잡한 과정이다.

시군통합과 행정체제 개편은 장기적으로 볼 때 규모의 경제를 통
한 지역경쟁력을 강화하고 행정의 효율성과 경제성을 확보하는 등

여러 가지 긍정적 효과를 가져올 것이라는 기대를 전제로 할 때만 원칙적으로 바람직하다. 지방행정체제 개편의 궁극적인 목표는 지방의 균형발전과 국가 경쟁력의 제고에 있다. 그러기 위해서는 실질적 지방분권화가 전제되어야 한다. 지방분권이 전제 또는 선행되지 않은 채 지방행정 체제개편을 성급히 추진하는 것은 신중앙집권화의 시도라는 비판과 행정체제 개편 필요성에 대한 대국민 설득력 부재라는 약점을 피해 가기 어렵다. 지방자치 선진국들도 국가경쟁력 강화 차원에서 지방행정제도 개편을 추진해 왔으나 지금까지는 개혁의 상당 부분이 답보 상태에 빠지거나 폐기되는 등 그 성과는 제한적이라는 평가에도 주목할 필요가 있다.

따라서 지방행정체제 개편은 먼저 그 당위성 확보와 이에 대한 국민적 공감대 형성이 선행되어야 한다. 정부는 지방행정체제 개편안 마련과 함께 획기적인 지방분권을 실행하기 위한 사무권한의 배분, 지방재정제도, 통·폐합대상 기구와 인력의 처리 대책 등 가능한 모든 방안을 동시에 제시하고 마련해야 한다. 통합이 거론되는 대상 지역들도 관 주도보다는 시민이 앞장서서 지역 간 합의를 이끌어 내는 상향식 접근법이 바람직하다. 그러기 위해서는 통합을 주도하는 지역은 교만함을 버리고 기득권의 포기와 양보, 상대지역에 대한 배려 등 첫 단추부터 잘 끼워야 한다. 1998년 3여(여수시 - 여천시 - 여천군) 통합은 주민발의에 의한 상향식 통합의 좋은 본보기이다.

저출산—고령사회로의 변화에 대한 정책 연계적 대응이 필요하다

우리는 이미 2000년에 65세 이상 인구가 7.2%로 UN이 정한 고령화 사회(aging society)를 경험했고 2019년에는 노년인구가 총 인구의 14%를 넘어서 고령사회(aged society)로 진입할 것이라는 예측이다.

통계청 자료에 따르면 우리나라 가임 여성 1명당 평균 자녀수는 2003년 기준 1.19명으로 미국(2.04명), 프랑스(1.89명), 영국(1.71명), 일본(1.29명) 등 선진국보다 낮은 수준이다. 우리나라의 출산력은 1970~2003년 기간 중 3.34명이나 눈에 띄게 감소했다.

다른 한편으로는 20대 여성층의 미혼율이 1970년 34.6%, 1980년 43.4%, 1990년 50.8%로 10년 주기로 10% 가까이 높아지고 있어 저출산 현상을 부추기는 원인이 되고 있다.

인구분석 자료에 의하면 경제활동을 할 수 있는 생산연령인구 중 생산가능 인구인 15~64세 인구도 2016년을 고비로 점차 감소해 2050년에는 총 인구의 절반가량에 그칠 것으로 추정되고 있다. 또한

불과 2년 뒤인 2007년을 가점으로 성장 동력 인구인 25~49세 인구
도 줄어들어 올해는 생산 가능 인구 7.9명이 노인 1명을 부양하지만
2010년에는 6.7명, 2020년에는 4.6명이 노인 1명을 부양하게 되는
결론이다.

　인구통계학적 측면에서 분석된 저출산과 인구 고령화 현상에 따
른 상장동력의 약화 현상은 결국 사회보장비와 같은 노인 관련 공공
지출의 확대 등 우리나라 경제의 성장을 저해하는 장애요인으로 작
용할 위험성이 높다. 삼성경제연구소는 우리 경제가 저출산·고령
화와 미래 산업에 대한 준비 부족으로 잠재성장률이 5%대에서 4%
로 하락해 구조적인 저성장 국면에 진입하고 있다고 진단하고 특히
저출산 등 인구요인만으로도 잠재성장률이 3% 수준으로 낮아질 수
있다고 경고하고 있다. IMF도 '한국경제의 주요 이슈(2001년)'라는
보고서에서 한국은 급속한 고령화로 인한 연금수급자의 증가에 따
라 30년 안에 재정위기에 직면할 것이라고 예측하고 있다.

　저출산과 인구 고령화 현상은 단순히 사회정책, 인구정책, 경제정
책 분야에 국한되어 대응책을 마련할 수 있는 것이 아니다. 그것은
우리 사회의 총체적인 대응 - 정책 간의 유기적인 연계대응을 통해
서 우리 사회에 미칠 충격과 위협을 최소화해 나가는 시스템적 대응
이 필요하다.

　저출산 - 고령화 현상에 대한 국가정책의 대응은 우선 출산장려
인센티브, 장기요양보험제도, 실버산업육성, 장기적으로 정년제도의

폐지, wisdom 네트워크의 구축 등 1차적인 직접관계에 있는 분야에서 빠른 대응이 필요하다는 점은 기본이다.

그러나 2차적 간접관계에 있는 분야, 에를 들어 교육, 주택, 교통, 공공서비스 등 다양한 분야에서 이 같은 사회변화에 대응하는 정책상의 원려(遠慮)와 준비가 필요하다는 점이 매우 중요함에도 아직 국가나 지방자치단체의 정책적 고민과 노력, 준비가 충분치 못하다는 점은 안타까운 대목이 아닐 수 없다.

얼마 전 감사원은 교육인적자원부의 교사수급 과잉 문제를 지적한 바 있다. 출산인구의 감소 등 인구구성비의 변화를 고려하지 않은 교원수급정책은 저출산-고령화 현상에 대한 우리나라 정책의 대응수준을 단적으로 엿보게 하는 것이다. 고교졸업생보다 대학정원이 더 많은 현실도 대학인허가 정책과 우리 대학의 안이한 미래대응 수준을 적나라하게 보여 주는 대목이 아닐 수 없다.

지방자치단체의 공무원 수와 조직도 이러한 변화에 얼마나 능동적으로 대응하고 있는지 자문(自問)해 볼 일이다. 10년 전보다 주민 수가 줄어든 지방자치단체가 부지기수인데도 공무원 수가 오히려 늘어난 것은 난센스이다. 더구나 단순히 공무원 수란 외형보다도 행정서비스의 기능 면에서 유아, 여성, 노인 등 그 수요가 급증하고 있는 사회복지기능이 얼마나 강화되었고 반대로 수요가 줄어든 일반행정 등 다른 분야의 기능이 얼마나 감축·조정되었는지에 대해서도 객관적 분석과 철저한 대응이 필요하다.

도시 정책에서도 노령화 사회에 대비한 준비가 매우 중요하고 시급하다. 교통정책 면에서 사회적 약자인 노년층을 배려한 보행안전시설 확충, 공공교통시스템의 도입, 주택정책 면에서 건축설계상의 동선(動線)과 안전고려, 저소득노인층을 위한 공공임대주택의 확충, 장애인화장실에 준하는 노인배려형 시설 등 우리가 고려하고 준비해야 할 분야와 일은 너무나 많다.

예전과 다름없이 지금도 어느 행사장에서나 동원된 여성과 노인들을 보기란 어려운 일이 아니다. 여성-노인에 대한 지방자치단체의 인식이 이 정도 수준이라면 저출산-고령화 현상에 대한 대응수준은 0점에 가깝다고 평가받아도 마땅하다. 여성과 노인은 이제 정책 유희(遊戲)의 대상이 아닌 정책의 '중심'으로 자리 잡아야 할 때다.

저출산-노령화 현상은 가뜩이나 열악한 우리나라 지방자치단체의 재정상황에 대한 압박과 지역발전의 위협요인으로 작용할 공산이 크다. 그래서 지방자치단체로서도 이러한 사회적 자산(asset)을 지역발전에 어떻게 활용할 것인가를 깊이 고민하는 일이 중요하다. 여성과 노인의 지혜와 경험을 지역사회와 국가발전에 이바지하도록 어떻게 꿰고 유인(誘引)할 것인가? 그것이 지방자치단체와 정부가 지금 해야 할 가장 큰 고민이고 미래에 대응하는 정책 과제이다.

인구구조의 변화에 대한 공공부문의 능동적 대응이 필요하다

도시의 규모는 곧 인구규모와 직간접의 관련이 있다. 물론 적은 인구를 가진 큰 도시를 가정할 수도 있지만 현실적으로 도시규모를 결정짓는 것이 인구, 즉 인간의 활동이기 때문이다. 따라서 인구에 따라 도시규모도 결정되고 그 도시를 경영하는 도시정부의 조직과 공무원의 수가 결정되는 것이다.

정부 자료에 따르면 경북 ○군을 포함한 전국 88개 군 지역의 인구는 2001년 말 559만여 명에서 2005년 말 498만여 명으로 61만여 명(12.2%)이 줄어들었다. 그러나 같은 기간 공무원 수는 4만 8,079명에서 5만 2,776명으로 오히려 4,697명(9.7%)이 증가했다.

공무원 조직의 효율성과 인력의 상관관계와 문제점을 지적할 때 자주 인용되는 것이 '파킨슨 법칙(Parkinson's Law)'이다. 영국의 경제학자 파킨슨이 주장한 이 법칙은 "일은 완성하기 위해 확보해 놓은 시간만큼 늘어난다. 하는 일의 양과 직원 수는 아무런 관계가 없다. 일자리를 일부러 만들어 내는 경향이 있다"라는 것이다.

우리나라의 공무원 조직을 보면 파킨슨 법칙이 그대로 들어맞는
다. 농어업과 공무원의 관계를 볼 때, 농어민 수가 432만 명이던
1983년의 농어업 관련 공무원 및 공공기관 직원은 7만 6천여 명 이
었는데 농어민 수가 254만 명으로 줄어든 1995년에는 오히려 5만
2,000명이나 증가한 것으로 나타났다. 농어민 수가 41% 감소하는
동안 공무원들은 되레 68% 늘어난 것이, 물론 농업인구는 줄어도
FTA 등을 대비한 농업 고도산업화 전략을 추진하기 위한 것이라고
변명할지 모르지만 아무래도 그건 설득력이 약하다.

2005년 인구센서스 추계에 따르면 우리나라 연령계층별 인구구성
비에서 출산율 감소로 인해 유년인구(0~14세)는 지속적인 감소 추
세를 보이고 있다. 생산가능인구(15~64세)도 2005년 71.8%에서
2015년 73.2%로 약간 상승하지만 이후 점차 낮아져 2030년에는
64.7% 수준으로 떨어질 것으로 예상된다.

한편, 출생아 수가 지속적으로 감소하고 평균수명이 연장됨에 따
라 65세 이상 노령인구는 2005년 총 인구 중 9.1%에서 2015년에는
12.9%, 2030년에는 24.1%로 증가할 전망이다. 시도별로는 2005년
현재 서울(7.1%), 울산(5.2%) 등 대도시와 경기도의 노령인구 구성
비는 전국수준보다 낮지만 전남(17.5%) 등 8개 시도는 높은 것으로
나타났다. 특히 충남(14.4%), 전북(14.0%), 전남(17.5%), 경북(14.3%)
은 14%를 넘어 이미 고령사회에 도달했으며 전남은 2010년에 이르
면 노령인구가 20.3%에 달해 초고령사회에 가장 빨리 진입할 것으
로 예상되고 있다.

또한, 통계청 자료에 따르면 2005년 기준으로 1인 가구 수는 268만 명으로 추산되며 2006년엔 275만 가구로 증가할 것으로 예상된다. 이 중 20대 초반에서 30대 중반인 독신자 가정은 전체 가구의 37%로 약 98만 명에 이르며 배우자 없는 가구까지 합치면 전체 독신자 수는 500만 명이 넘을 것이라는 게 전문가들의 분석이다.

기획예산처와 한국개발연구원(KDI)이 2006~2010년 국가재정운용계획에서 OECD와 국제노동기구(ILO) 자료를 근거로 밝힌 주요 국가의 분야별 공무원 수 비교 통계에 따르면 우리나라 보건 분야 공무원 수는 인구 1,000명당 0.11명으로 OECD 평균인 12.87명의 100분의 1에도 미치지 못하고 있으며 사회복지 분야도 인구 1,000명당 0.22명으로 OECD 평균인 12.24명의 60분의 1도 안 됐다. 성인 1,500명을 대상으로 공무원을 늘려야 할 정책분야를 묻는 조사에서 사회복지·보건서비스 분야가 30.3%로 가장 높았고 KDI가 일반인 1,030명을 대상으로 조사한 최우선 해결과제 설문 결과에서도 노후생활보장과 고용안정이 22.6%와 22.1%로 국민들의 가장 높은 관심분야로 떠올라 앞으로 행정 수요가 증가할 것임을 예고하고 있다.

이상에서 살펴본 지역 간 인구 격차의 심화, 출산율 저하에 따른 생산가능인구의 감소, 고령화 추세의 급속 진행, 독신가구의 증가 등 인구구조의 변화 추세는 우리나라 국가 정책과 도시정부 정책에 대해 시사하는 바가 크다.

우선 국가생산성 저하에 대응하여 거시적으로는 출산장려정책,

산업고도화정책, 국가성장전략산업 육성 정책 등이 필요하다. 또한 독신가구, 노령가구의 증가에 따른 사회복지 및 보건의료 정책상의 우선순위와 서비스 변화가 필요하며 주택건설정책도 소형임대 주택의 건설과 운용을 강화해 나갈 필요가 있다. 교통정책도 편의성 위주에서 노약자를 배려한 복지교통의 개념으로 전환이 필요하다.

지방자치단체의 산업, 주택, 보건복지 정책도 대폭 전략수정이 필요하다. 지역별로 고령사회 진입속도가 차이가 나는 만큼 지역특성에 맞는 공무원 조직으로 대폭 개편하고 지역수요에 걸맞은 서비스 운용에 중점을 두어야 한다. 특히 농어촌지역의 보건복지 서비스 분야에 대한 강화가 필요하다.

기업이 생존을 위해 끊임없이 혁신해 나가는 것처럼 우리 공공부문도 10년, 30년, 50년 뒤의 사회 변화 추세를 잘 읽고 스스로 대응력을 높여 가는 변화의 실행이 중요하다. 사회변화, 행정환경의 변화로 더 이상 수요가 존재하지 않거나 효용가치가 줄어든 부문은 과감히 없애거나 줄여야 한다. 시장경제, 경제전쟁, 도시 간 경쟁의 시대에 '보고를 위한 보고', '행정을 위한 행정' 등 시장과 국민을 위한 일이 아닌 분야는 과감히 버리고 가야 한다.

단순 집행 및 규제 분야 인력 등을 업무 수요가 늘어난 사회복지, 식·의약품 안전, 질병관리, 고용지원, 소방 및 녹지 등 대국민 서비스와 삶의 질 강화 분야로 과감하게 재배치해 인력운용의 효율성을 높여야 한다. 시민의 목소리에 귀를 기울이지 않고 사회변화에 발맞

추어 스스로 변화 적응하지 않으면 조직과 정부는 대내외의 위기에
직면할 것이다.

쿠바의 경험과 교훈에서 배우는 '사람과 자연 중심' 에너지 정책

쿠바는 구소련을 중심으로 한 사회주의 국제무역체계가 붕괴되면서 종속적 경제 전반에 심각한 타격을 입게 되었다. 이에 따라 1993년 초 가동예정이던 원전 프로젝트가 중단되어 96%에 이르던 전기보급률도 끝을 모르게 추락하게 된다. 쿠바정부가 누전점검, 절전형 전구교체, 가로등 제한적 사용 등 미세한 부분까지 에너지 절약을 지도했음에도 불구하고 1994년에는 연간 344일이나 매일 정전이 계속되었다.

이런 위기 상황은 쿠바가 선택의 여지없이 기존의 에너지 정책을 근본적으로 전환하는 계기가 되었다. 에너지 위기 속에서 쿠바가 선택할 수 있는 유일한 방법은 자연과 사람이 중심이 된 지역사회를 기반으로 하는 에너지구상(community – based energy initiative)이라고 요약할 수 있다. 즉 수입에 의존하지 않으면서 지역에서 이용 가능한 바이오매스(biomass: 재생 가능한 생물체자원), 수력, 태양열, 풍력 등 자연에너지를 개발하는 것이었다.

쿠바가 최대의 재생에너지원으로 주목한 것은 바이오매스로 사탕

수수가 그 중심이었다. 150여 개의 제당공장을 이용한 화력발전으로 국내에너지 수요량의 30%(석유환산량 400만t) 정도를 공급하게 되었고 정련과정에서 발생하는 부산물을 메탄가스로 전환하는 기술을 이용하여 시설 자체의 연료원으로 공급하고 있다.

수력발전은 소형수력발전소 건설 위주의 정책을 펴 220기를 넘는 소규모 수력발전소가 가동 중이고 새로 250여 기를 건설 중이다. 한편 9천 대 이상의 풍차가 양수용으로 가동 중이며 1kW 이하의 소규모 풍력발전소도 다수 있다.

자연에너지 중 가장 주목받으며 보급되는 것은 단연 태양에너지이다. 국토 전체로 보아 쿠바에서 태양에너지는 연간 200억t의 석유에 필적하는 에너지원이다. 태양열시스템은 진료소, 병원, 학교, 사회교류센터 등 2천 4백 개 이상이 설치되어 있다.

쿠바의 경제위기는 에너지 위기를 초래했고 이어서 극심한 식량위기를 초래하는 연쇄반응이 일어나게 되었다. 그러나 쿠바인들은 도시농업과 토지분배, 식생활과 생산방식의 변화를 꾀하면서 오히려 에너지 위기 이전보다 식량의 질을 향상시키게 되었다. 이에 더하여 쿠바는 에너지 위기를 농업혁명, 교육과 보건, 교통과 주거부문에서의 개혁으로 이어지는 재탄생의 기회로 삼았다.

쿠바의 에너지 혁명은 단지 국가 주도형 하향식 에너지 정책의 측면에서만 바라볼 것이 아니라 주민과 지역사회가 적극적으로 참여한 형태에 주목할 필요가 있다. 주민의 참여 없이는 이 정책이 성공할 수 없었다. 쿠바의 사례가 에너지 위기에 대한 완벽한 해답이라고 예단하기는 어렵다. 그러나 적어도 빈곤의 위기에 처한 북한은 물론이고 인구감소가 지속되는 우리 농어촌을 중심으로 참고할 가치가 있는 사례이다. 에너지 의존형 산업구조와 생활구조를 가진 우리 사회는 이제 에너지 절약과 대체라는 차원에서 지역사회를 기반으로 하는 에너지 혁명의 필요성, 즉 자연과 사람 중심의 주민참여형 에너지 생산 및 사용 시스템을 구축하는 노력이 필요하다.

식량 위기와 환경에 대처하는 지혜: 도시농업

석유와 석탄 등 화석연료의 사용으로 지구온난화가 심각해지고 있는 가운데 최근 기후변화 대응과 신재생에너지 개발, 도시 녹지공간 등에 대한 관심이 점차 증가하고 있다. 무분별한 개발로 인한 녹지 훼손, 과밀 도시의 아스팔트와 콘크리트 건물로 인한 열섬화 현상, 사라지는 농지로 인한 식량 문제와 환경문제 등 우리 세대가 벌인 무지와 횡포를 더 이상 방관하면 후손들에게 큰 재앙이 될 것이다.

우리 농업도 이미 위기의 시대로 접어들었다. 쌀을 포함한 식량자급률은 2006년 기준 25.3%이며 옥수수, 콩, 밀 등의 자급률도 5%에 미치지 못해 수입에 의존하고 있다. 더구나 주식인 쌀은 2014년까지 8%를 의무적으로 수입해야 한다. 우리가 농업을 중시해야 하는 이유는 국민경제에서 차지하는 낮은 비중에도 불구하고 농업이 식량 안보 차원의 문제이기 때문이다.

국가가 직면한 식량문제, 도시가 직면한 환경문제에 보탬이 될 수 있는 대안적 노력의 하나로 우리는 '도시농업'에 눈을 돌려야 한다.

도시농업은 도시 내부의 소규모 토지에서 이루어지는 생태적 – 공동체적 농업이라고 할 수 있다. 도시농업은 영국의 얼랏먼트(allotment), 독일의 클라인가르텐(klein garten), 쿠바의 오르가노포니코(organiponico), 일본의 시민농원 등 이미 여러 나라에서 다양한 형태로 실천되고 있다. 특히, 미국의 경제봉쇄와 석유공급중단에 따른 생존적 선택에서 비롯된 쿠바의 도시농업은 세계 도시농업의 메카이며 유엔개발계획(UNDP)이 주관하는 석유정점(oil peak) 시대의 개발도상국 지원 모델지역이기도 하다.

도시농업은 단순한 농업생산 측면에서가 아니라 경제·사회·환경 등 다양한 가치를 가지고 있다. 도시농업은 녹지율을 높여 '도시의 허파' 기능을 한다. 공원과 옥상녹지, 가로변의 유휴지, 자투리땅 등 어느 곳이든 경작이 가능하다. 도시농업에서 얻어지는 녹지는 경관과 휴식이라는 일반적 기능을 넘어 생산과 여가, 교류와 소통, 자연학습이 이루어지는 복합 커뮤니티의 기능을 한다.

또한, 도시농업은 식량자급률을 높이는 보조수단이 될 수 있다. 도시토지의 특성상 주곡의 생산은 어렵더라도 채소, 작물, 화훼 등 유기농과 특수작물 재배로 소득창출의 효과도 거둘 수 있다. 비주식의 95% 이상을 수입에 의존하는 현실에서 볼 때 도시농업은 그 시작이 비록 미약하더라도 친환경 – 친생명 먹을거리 공급과 국민경제에도 작은 기여를 할 수 있다.

생태 측면에서도 도시 지역의 토지는 농산물의 공급지일 뿐 아니

라 빗물의 흡수와 순환촉진, 도시온난화 방지, 공기정화 등의 다양
한 기능을 담당하고 있다. 또한, 자연에너지, 바이오가스 등 친환경
에너지 사용률을 높이는 유기농업을 통해 생명과 환경존중의 사회
적 분위기 조성에도 기여할 수 있다.

그러나 토지의 특성상 도시의 토지는 농지보다 상업지나 주거지
로 이용하는 것이 훨씬 경제적 효율성이 높다. 따라서 어떤 형태로
든 도시토지에 대한 제도적 뒷받침과 지원이 없이는 도시의 토지를
농지로 보존 또는 활용하기 어렵다는 것이 현실이다.

식량안보 · 녹색성장시대에 도시농업에 대한 필요성은 날로 높아
지고 있지만 아직 제도적 뒷받침이 극히 미흡한 상태다. 수도권을
비롯한 지방의 거점도시는 입지적 특성상 도시농업을 위한 토지와
시장 등 충분한 인프라를 갖추고 있다. 도시농업 활성화를 위한 중
앙정부와 지방자치단체의 정책적 관심과 제도 마련이 필요한 시점
이다.

김광남 —————————————————————————————————

중앙대학교 대학원 지역개발학과에서 도시 및 지역계획학 박사학위를 취득했다. 서울시립대 · 중앙대 · 청주대 · 협성대학교 등에서 지방자치론, 지역개발론, 도시행정론 등을 강의했다. 현재 성결대학교 행정학부 겸임교수로 기획론, 조사방법론을 강의하고 있다.

안양시의회 전문위원, 인천 서구청 정책기획단 가급 전문위원을 거쳤고 전라남도, 인천 서구, 광명시, 안양시, 화성시, 음성군 등에서 자문위원을 지냈다. 1990년대부터 서울신문, 경기일보, 경인일보, 오마이뉴스에 지방자치와 지역개발에 관한 칼럼을 썼으며 경기신문 논설위원을 지냈다. ABC방송 시사토론 프로그램『열린광장』을 진행했고 월간『도시문제』에 수년간 도시행정과 지방자치에 관한 칼럼을 연재했다.

현재 공공정책연구소 SNP 대표로 있으면서 공공부문 정책개발과 평가, 커뮤니티, 농촌경관 등에 관한 연구와 컨설팅을 하고 있다.

철학으로 하는 자치, 감으로 하는 자치

성공하는 지방자치를 위한 55가지 정책 아이디어

초 판 인 쇄 | 2010년 12월 3일
초 판 발 행 | 2010년 12월 3일

지 은 이 | 김광남
펴 낸 이 | 채종준
펴 낸 곳 | 한국학술정보㈜
주　　　소 | 경기도 파주시 교하읍 문발리 파주출판문화정보산업단지 513-5
전　　　화 | 031) 908-3181(대표)
팩　　　스 | 031) 908-3189
홈 페 이 지 | http://ebook.kstudy.com
E-mail | 출판사업부　publish@kstudy.com
등　　　록 | 제일산-115호(2000. 6. 19)

ISBN　　978-89-268-1731-5 93340 (Paper Book)
　　　　978-89-268-1732-2 98340 (e-Book)

내일을여는지식 은 시대와 시대의 지식을 이어 갑니다.